ある日、突然始まる

後悔しないための介護ハンドブック

阿久津美栄子
Akutsu Mieko

Discover

はじめに～介護をするあなたへ

介護は、日常のある日、突然始まる

「たいへんそうだとは、なんとなく聞いていますが……」

「まだ先のことなので、いまから心配はしてはいません」

介護をすることになるその日まで、誰もが口にしてしまう言葉ではないかと思います。


かつての私も、そう思っていました。

介護とは、他人の家庭のことで、自分には関係のない話だと。

実際に、私の両親は病気ひとつしたことがなかったので、恥ずかしいお話ですが、永遠に生きるのではないかと、なかば本気で思っていたほどです。

まさか、私が、30代後半で、子育てに忙しい日々を送るなか、両親の介護をすることになるとは予想すらしていなかったのです。

「まだまだ元気だったのに？」

「私がこの年齢で？」

介護の当事者になったみなさんにとっては、私と同じように、「いま？」「私が？」というのが、いちばん最初に感じる共通の本音だと思います。

この気持ちは誰もわかってくれない……

私の両親は、ある日、突然倒れました。その日から、私は「介護者」となったのです。先に倒れたのが母親で、その母親を介護していた父がさらに倒れ、先に逝きました。

私の家庭介護の経験は、人生で初めて迎えた最大の危機であり、日々心のなかで、誰かと戦っていました。一緒に戦っていた父が亡くなってからは、ますます孤独な戦いとなっていきました。

相手は、自分以外のすべての人々でした。時には、自分の娘までもが、敵に見えたことすらありました。

「自分以外のすべてが敵」という妄想にも近い感情は、「誰も、この私の気持ちを理解してくれない」という思いから生まれたものでした。

たとえば、当時親しかった友人に介護の話をしても、「かわいそう」と同情はしてくれます。しかし、かつての私がそうであったように、友人が「たいへんそうだけど、自分には関係のない話」だと思っていることが、手に取るようにわかります。

もちろん、親しい友人とはいえ、一緒に介護などしてくれるわけではありませんから、それは当然のことでしょう。しかし、それでも、やりきれない悔しさを抑えることができないのです。

自分の家族すら、「介護は任せておけばいい」と考えているように感じます。そんな人たちに囲まれていると、自分がとても孤独でみじめに思えてくるのです。そうした日々をすごすなかで、私は自然と、家族や友人たちを遠ざけるようになりはじめました。

現在、社会問題となっている介護殺人事件なども、このように介護を自分でかかえ込んでしまい、ほかの人から排除されている（逆に、ほかの人から見れば壁をつくっている）孤立した環境で起こることが多いといわれています。

介護は労働、働くためには知識が必要

あえてドライに言います。

介護とは、日常に、無償の労働時間が増えるということに尽きると思います。

家事に子育て、そして仕事――。

ただでさえ時間に余裕のない日常に、経験したことのない「介護」という、人生で初めての「労働」がプラスされます。「親を大切にする心」は、もちろん大切ですが、それ以上に、身体を動かす労働であることを、わりきって理解しておくべきでしょう。

労働をするためには、労働内容にかんする情報・知識を集めることが必要になってきます。介護保険の仕組みや、病気、困った行動への対処方、日常動作を補助する技術、かかるお金、家族との役割調整まで、さまざまな情報・知識を集めなくてはなりません。

誰にでも起こりうるはずのことなのに、介護について教えてくれる授業は、義務教育にはありません。高校や大学でも、福祉などを専攻しない限り、知識を得ることはできません。ほとんどの人が、ほぼゼロから介護をスタートすることになります。

介護は、するほうもされるほうも、初心者

介護は、受けるほうも「初心者」であることがほとんどです。

もしかすると、介護をする「介護者（あなた）」以上に、「要介護者（親）」のほうが、驚き、とまどい、時には怒り、やるせない思いをかかえて、日常を送ることになっているでしょう。

身体が動かなくなり、記憶がおとろえ、いままで当たり前にできていたことができなくなってしまう。これまで、子どもとして接していたあなたに、場合によっては「子どもあつかい」され、いろいろなことを頼らなくてはならなくなってしまう。

情けない思いと、迷惑をかけているという後ろめたさをかかえて、残り少なくなってきたとわかっている人生をすごすのは、いかばかりの気持ちでしょうか。


初心者（子）と、初心者（親）が、ともにたいへんな時間をすごすことになるのです。だからこそ、情報と知識が大きな支えになってくれることでしょう。

現在では、インターネット、SNSの普及により、情報の収集はしやすい環境だと思われるかもしれません。しかし、それらは介護のある局面だったり、断片的な情報であったりします。介護の「スタートから、ゴールまでの流れ（全体像）」がわかる情報は、探してみると、驚くほど少ないのです。

介護の全体像を知り、後悔を残さないために

この本は、「介護の始まりから、介護の終わりまで」の一連を、できるだけ簡潔に、わかりや

すくまとめた1冊です。簡潔であることを心がけたので、詳細な内容が足りないと不満をお感じになるかもしれませんが、介護にかんするすべてを掲載することは難しいので、「そこから先の情報」は、ご自分で調べることができるよう、本書をヒントとしていただければと思っています。
また、介護の状況は、環境や症状によってさまざまに異なっていることも、掲載内容を絞り込んだ理由のひとつだと、ご理解いただければと思います。

何よりも、本書は、私の介護の経験をもとにして「介護中にほしかった内容」をまとめました。私自身が、親の介護に後悔を残してしまったために、本書のタイトルには「後悔しないための」という言葉を使いました。

「親が倒れた。介護が始まるかもしれない」
「現在介護中です。親がどうなってしまうのか、自分はどうすればいいのか。これからのことを知りたい」
そんな時に、情報を得るきっかけになる1冊だと思います。

介護は、ある日突然、誰にでも起こりうる「日常」です。
特別なことだと身がまえたりせずに、しかし、たいへんなことだという自覚をもって、残された親と子の時間を、できるだけ幸福にすごしていただけるよう、本書をご活用いただければ幸いです。

阿久津美栄子

ある日、突然始まる
後悔しないための介護ハンドブック

もくじ

Contents

第1章　いよいよ介護が始まった！　11

第2章　介護に必要なお金とサービス

第3章 介護で倒れてしまわないための10の心得 57

第4章　認知症をもっとよく知る 95

第5章　高齢者トラブルから身を守る 113

第6章　看取りと葬儀に必要なこと

第1章

いよいよ介護が始まった！

介護が始まるのは、ある日突然です。そして介護初心者のあなたの知識はゼロ。いったいこれからどうなるのか。介護保険を利用するにしても「何を、どこに、どのように」すればいいのかわからない。それどころか、何がわかっていないのか、わからない。しかし「混乱」してばかりではいられません。ファースト・ステップを踏み出しましょう。

1 介護が始まるきっかけ

介護経験者へ、アンケートをしました。「介護が始まったきっかけはなんですか？」

「がんの脳転移手術後、言葉が出にくくなりました。入院中、最初は、オムツが不快なのか、トイレに行きたいと、数分おきに、伝えようとしていました。看護師さんも忙しく、まめにトイレへ誘導はしてもらえず、自分も24時間病院に付き添うこともできませんでした。1週間後、あきらめたのか無表情になり、トイレへ行きたいとも言わなくなりました。その頃から、言葉が出てくる回数が減り、たまに話すことは、会話にならなくなり、脳の検査をしましたら、前頭葉の萎縮が見られるので、認知症と診断されました」

発症時専業主婦70代　介護者　長女

「定年退職後、地域の活動に積極的に参加をしていました。数年後、転んで足を骨折、地域の活動へ行くことをいっさいをやめてしまいました。その後、家にこもりがちになり、物忘れが始まりました」

発症時80代男性　介護者　配偶者

介護が始まるさまざまなケース

「交通事故にあい、大腿骨の骨折で入院しました。1か月ほど入院、その後、リハビリ病院へ3か月入院しました。入院時から、おかしな言動があるようになり、元気になってから、以前活動をしていた、コーラスの会へ参加をしなくなりました。その頃から少しずつ、日常の生活ができなくなっていき、認知症の症状が出てきました」

発症時専業主婦70代　介護者　配偶者

「趣味を兼ねて畑を日々やっていました。自宅増築のため、畑の場所に建て増しをすることになり畑をつぶしました。増築した時点から、鍋をかけっ放しにし、火事になりそうになったり、料理の味付けもおかしくなるなどこれまでにない異変が多々ありました。いまから考えるとその頃から認知症の症状が始まったと思います」

発症時60代女性　介護者　長男

あなたの介護にあてはまるケースはありますか？

厚生労働省の調査によれば、介護が必要になったきっかけでいちばん多いのは、脳血管疾患で倒れた場合です。次いで認知症になります。

認知症が発症するにもいろいろなきっかけがあって、私の知る限りでは、ケガや病気での外科的入院や、それまでのコミュニティーの活動の場を失うなど、環境が変わったことで、認知症になるケースが、多い傾向があるように思えます

介護が必要となった主な原因（上位3位）

要介護度*	第1位		第2位		第3位	
総数	脳血管疾患（脳卒中）	18.5	認知症	15.8	高齢による衰弱	13.4
要支援者	関節疾患	20.7	高齢による衰弱	15.4	骨折・転倒	14.6
要支援1	関節疾患	23.5	高齢による衰弱	17.3	骨折・転倒	11.3
要支援2	関節疾患	18.2	骨折・転倒	17.6	脳血管疾患（脳卒中）	14.1
要介護者	脳血管疾患（脳卒中）	21.7	認知症	21.4	高齢による衰弱	12.6
要介護1	認知症	22.6	高齢による衰弱	16.1	脳血管疾患（脳卒中）	13.9
要介護2	認知症	19.2	脳血管疾患（脳卒中）	18.9	高齢による衰弱	13.8
要介護3	認知症	24.8	脳血管疾患（脳卒中）	23.5	高齢による衰弱	10.2
要介護4	脳血管疾患（脳卒中）	30.9	認知症	17.3	骨折・転倒	14.0
要介護5	脳血管疾患（脳卒中）	34.5	認知症	23.7	高齢による衰弱	8.7

（%）

（厚生労働省　平成25年国民生活基礎調査）

*要介護度・要支援度は15ページを参照

2 介護のロードマップ

いつ、どのような状況になるのか、時間の流れを把握しておきましょう。

混乱期　要介護1〜2の場合

介護の始まりは、家族は、まず「否定」から入ります。

健康が当たり前だった家族の日常が突然変化します。

認知症の場合、「会話や行動がおかしい」ことに驚きとまどいます。

なぜ話せなくなったの？

なぜ歩けなくなったの？

と思わず問いかけてしまいます。

いままで健康だった状態を、当たり前だと思っていたために、できなくなっていることが受け入れられないのです。考えてみるとおかしなことですが、家族は一生健康でいると思っている人も少なくないのです。

家族の変化を受け入れるためには、時間が必要です。

それを「受容」し、さらに介護を続けられるようになるのは、難しいことなのです。

認知症の要介護1〜2は、介護する側が「混乱」し、いちばん精神的にたいへんだといわれる時期です。

介護が始まる時は、ある日突然です。

その時には、毎日変化する状況に対応することで、精いっぱいになります。

まだ家族の介護が始まっていない人も、この「ある日突然」に備え、介護の情報を日頃から、少しずつ知る機会をつくっておくことをおすすめします。

負担期　要介護3の場合

要介護者も家族の介護者にも、ともに疲労感が出てくる時期となります。

認知症の要介護3になると「できないこと」が増えてきます。要介護者にとっては、家族に対して**思いを伝えられなくなり、不安で混乱し、それが行動（暴言、暴力）になって表れることも**あります。

介護する側も負担感が増し、心身とも「疲労」し「絶望」的な気持ちにとらわれます。

安定期　要介護4〜5の場合

要介護4〜5は、要介護者は寝たきりになってしまうような状態です。

「できること」も少なくなり、自分ひとりですごせる時間はなくなります。

そうなると、自宅での介護は難しくなり、施設へ入所するという選択が迫られる時期となります。

介護する家族も、「割り切り」の気持ちが生まれ、要介護者の状態に対しても「受容」することができる時となります。

この時期には**「施設を探す」というたいへんな仕事があります。**

特別養護老人ホームにするのか、サービス付き高齢者住宅にするのか、有料老人ホームにするのか、自宅での介護を継続するのか。

経済的な事情や要介護者の状態を考慮に入れて選択することにもなります。

要支援・要介護レベルの目安

要支援1	ほぼ自立した生活ができるが、介護予防のための支援や改善が必要
要支援2	日常生活に支援は必要だが、それによって介護予防できる可能性が高い
要介護1	歩行などに不安定さがあり、日常生活に部分的な介護が必要
要介護2	歩行などが不安定で、排せつや入浴などの一部または全部に介護が必要
要介護3	歩行や排せつ、入浴、衣服の着脱などに、ほぼ全面的な介護が必要
要介護4	日常生活全般に動作能力が低下しており、介護なしでの生活は困難
要介護5	生活全般に介護が必要で、介護なしでは日常生活がほぼ不可能

（小金井市介護保健課より）

STEP
4
看取り期

終末期
別れの時

絶望　否定

介護施設
病院
在宅

延命治療
遺産相続

この時期に、もうひとつ考えなくてはいけないことは、まもなく介護が終わるということです。人それぞれ介護を続ける期間に決まりはなく、この時期が十数年続くこともあれば、数か月で終わることもあります。

この時期は、その最期の時をどうすべきか考え、そのことを「受容」する時間になります。

要介護者を中心にして、家族それぞれの考えを話す場をつくりましょう。要介護者と意思疎通ができる最後の機会だと思って、家族で最期の時間をどうすごすか話すことをおすすめします。

看取り期

介護の終末期は、ある日突然やってきます。介護の始まりと一緒です。

その直前、数週間前、あるいはもう少し長い期間に、看取りの時間を知らされます。この時、介護をしている**家族は、再び「否定」と「絶望」を味わうことになります。**

家族の死別の経験のあるなしで、受け止め方に違いはありますが、大切な家族との別れは誰もが、つらく悲しく、「否定」したいことには変わりありません。

介護ロードマップ

	STEP 1	STEP 2	STEP 3
	混乱期	負担期	安定期
●要介護者の状態	急性期 異変の発覚	介護初期 残存能力大	症状進行期 残存能力小
●介護者の気持ち	混乱　否定	疲労　絶望	割り切り　受容

●介護の場所（例）	在宅 病院	在宅 介護施設	在宅 介護施設
●起こりうる出来事	介護申請 主介護者決定	進行の抑制 住環境整備	施設探し・入居

（著者作成、以下出典等がないものは著者作成）

3 介護のゴール

家族が、当たり前の日常を送るために。

介護する側もされる側も、充実した日々を

「介護は、先の見えない長いトンネルのなかに放り込まれたようなもので、自分の意思では抜け出せない。私の人生、どこで仕切り直したらいいのか」

と話をされた方が、私の主催する介護カフェにいました。

介護のゴールまでの道のりはなかなか見えてきません。とくに介護される側が認知症の場合、その思いは強くなります。なぜなら認知症の周辺症状は、その人特有のもので、介護にお手本を見つけることが難しいからです。

いつまで続くかわからない、本当に先の見通しが立たない環境が十年以上も続く場合もあります。介護をする家族の方が過労のため病気になったり、気持ちが折れて心の病になる場合も少なくありません。

介護は、**先が見えないからこそ、気負わず、できるだけ介護を始める前の日常を変えることのないように、環境を整えていくことが大切**です。

そのためには、ひとりでも多くの協力者、理解者を得ること、職場や家族の間で話しあうことが必要です。周囲に助けを求めましょう。

介護の始まりは、ある日突然です。

その日から、当たり前だった日常に戻すことは容易ではありません。

家族は、介護される側が元気だった頃のイメージを忘れられません。しかし、かつての親や伴侶の姿を思い浮かべてとまどってばかりいるのを、介護される側は望んでいるでしょうか。

お互いの思いや、病気のことを知り、理解する時間を持ち、家族が介護者の環境を整え、「当たり前だった日常に戻す」ことをめざすことが大事です。

介護のゴールとは、つらい別れの日でもあります。**「当たり前だった日常に戻す」**とは、その避けられない事実も受容し、介護する側も介護される側も、家族すべてが充実した日々をすごせるようにすることでもあります。

要介護者の状況

要介護者等の年齢を年次推移でみると、年齢が高い階級が占める割合が増加している。平成25年の要介護者等の年齢を性別にみると、男は「80～84歳」の25.4%、女は「85～89歳」の26.8%が最も多くなっている。

要介護者の年齢(年次推移)

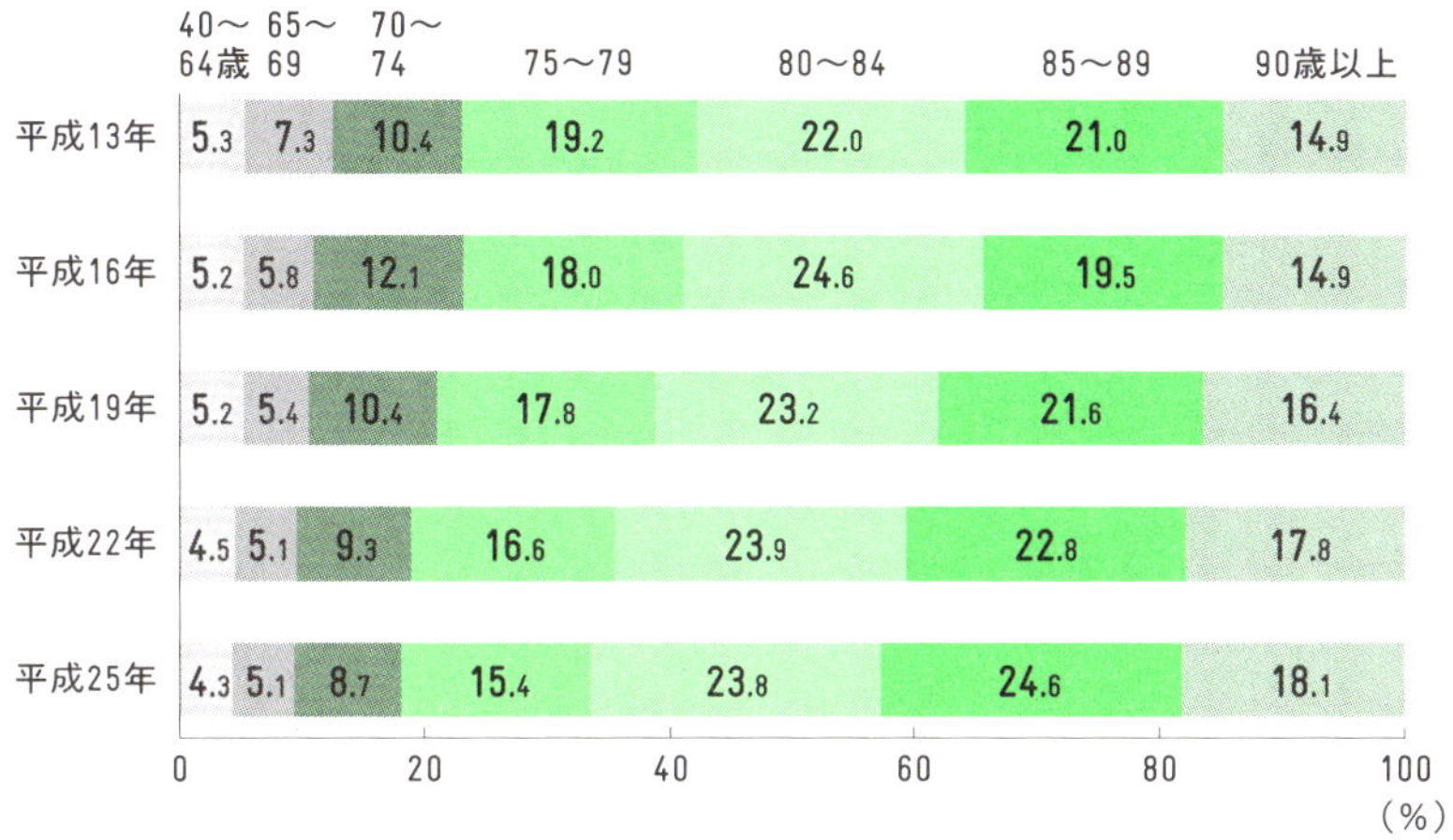

性別にみた要介護者等の年齢(平成25年)

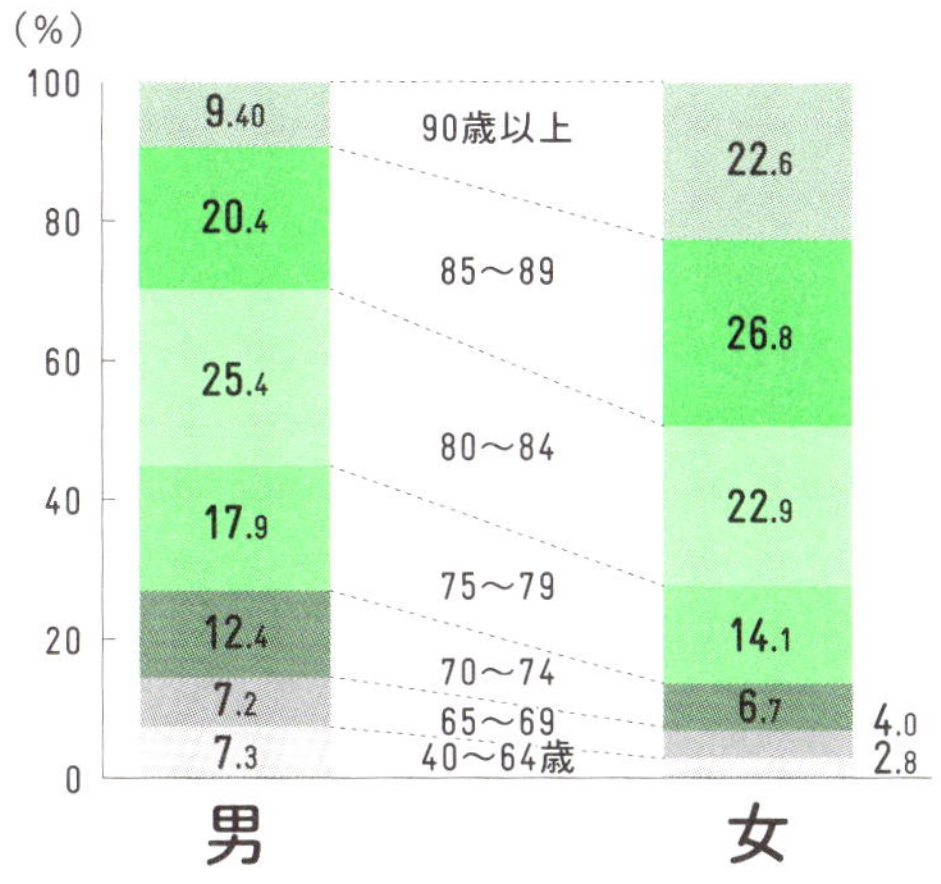

(厚生労働省 平成25年国民生活基礎調査)

4

誰に相談したらいいの？

まずは、サービスを知ることから始める。

介護保険制度を知ろう

医療、保健、福祉の専門職は別にして、介護に直面することになった一般の人は、ほとんどが知識ゼロからのスタートです。まず誰に相談するのか。どこへ相談に行ったらいいのか。それどころか、「何がわかっていないのか」がわかりません。

介護が始まるきっかけは、病気のことも多く、医療機関での治療を受けて、そこで介護の制度的な仕組みを初めて知ることも多いようです。

難しいのは認知症の場合で、たんなる物忘れだと家族が思い込み、医療機関で受診しないまま重症化するケースがあることです。ひとり歩きしているところを近隣住民や商店からの通報などで発見されて、それが受診につながり認知症だとわかることもあります。

いずれにしろ介護が始まるとなれば、まず介護保険制度を利用することを考えることになります。

病気になれば、医療保険を利用しますが、これとは違って、介護保険には、手続きが必要になります。

相談窓口を知ろう

介護経験がない人には、この手続きが最初のハードルになります。「申請書」を提出し「認定調査」をへて、「要支援」「要介護」の認定を受けて、やっと介護保険を利用することができます。

ところが、今度はどんなサービスが必要なのか、それ以前に「どんなサービスがあるのか」がわかりません。

まずは「市区町村窓口」あるいは「地域包括支援センター」で相談することをおすすめします。いずれにしても介護保険の申請をするのは、「市区町村窓口」(「地域包括支援センター」で代行できる場合もあります)になります。

また、ここで「ケアマネージャー」を紹介してもらい、どのような介護サービスを受けるかを相談することになります。

申請までの3ステップ

1 市区町村、最寄りの地域包括支援センターの窓口で相談

2 書類に記入

申請書類「要介護認定・要支援認定申請書」に記入します。

申請書は窓口でもらうか、
各市区町村のホームページから
ダウンロードできます。

3 申請

介護を受けたい方の介護保険被保険者証を持って

必ず介護担当窓口に必要書類の確認を！

介護を受けたい方が住んでいる市区町村の窓口で申請

「介護福祉課」など、
市区町村で名称はさまざまです。
地域包括支援センターで代行してくれる場合もあります。

5

地域包括支援センターを知ろう

介護にかんする悩みはまず、地域包括支援センターで相談しよう。

高齢者支援のよろず相談所

介護保険を利用するには、行政より委託されている地域包括支援センターの相談窓口に行きます。

家族に介護が必要になった、または遠からず介護が始まるかもしれないという不安がよぎった時には、**まずここに相談に行くことが、最初のステップです。**

この地域包括支援センターは、介護にかんして「総合相談・支援」「介護予防マネジメント」「権利擁護」「包括的・継続的マネジメント」などの事業を行っています。

主任ケアマネージャー・保健師、または経験豊富な看護師・社会福祉士などが中心となり、お互いに連携をとりながら、総合的に高齢者を支援しています。

「総合相談業務窓口」では、介護にかんする相談や悩みだけではなく、福祉や医療、その高齢者とその家族にかかわることなら、なんでも相談できます。まさに「よろず相談所」と言えるでしょう。

地域包括支援センターには、保健師や社会福祉士、主任ケアマネージャーなどが配置されている

相談にのってくれる専門職員と、役割・仕事の内容とは?

	社会福祉士	保健師	主任ケアマネージャー
役割	介護や生活支援 消費者被害	保険 医療 介護予防	介護全般
業務内容	権利擁護 総合相談	介護予防ケアマネジメント	包括的・継続的ケアマネジメント

要介護認定の流れ

市区町村からの申請

↓

主治医意見書

心身の状況に関する調査

基本調査（74項目）

特記事項

↓

● 要介護認定等基準時間の算出
● 状態の維持・改善可能性の評価

（コンピュータによる推計）

一次判定

※要介護認定等基準時間は、介護の「手間」を「分」で表現したもの。実際に介護を受ける時間ではありません。例えば要介護1なら「25分以上32分未満」、要介護5なら「110分以上」と表現されます。

↓

介護認定審査会による審査

二次判定

↓

要介護認定

↓

通知・30日以内

（厚生労働省資料より）

6 市区町村窓口を知ろう

役所は、住民にサービスを提供するためにあります。

「何を、どこに、どのように」？

日本の高齢者や障害者に対する福祉は、「申請主義」です。

国や自治体は受け皿をたくさん用意していますが、サービスを受ける側が申請をしないと、支援を受けることができません。

そのためには、自分自身で知識・情報を得るように努力しないと、何を、どこに、どのように申請すればいいのかわかりません。

じつは、介護を始めた人から、私がよく相談されるのがまさにこの「何を、どこに、どのように」です。

また申請にあたって資料や書類をもらったけれど、「書いてある言葉の意味がわからない」という相談をされることもあります。

私に向けられた相談内容は本来すべて、市区町村窓口が答えてくれるはずです。

わからないことは、わかるまで聞くこと

役所で質問することは、恥ずかしいことだという先入感があるのでしょうか。または、かつて役所の窓口での対応に腹を立てた経験を持つ人もいるかもしれません。

しかし役所は住民がサービスを受けるための機関です。

昔の役所のパターナリズム（父権主義）的な雰囲気は、改められつつあると思います。

気軽に質問をして、どういう支援が受けられるかを、自分の言葉で質問しましょう。

行政の資料や書類には専門用語が使われます。窓口の職員や専門職も当たり前のように、専門用語で話しますが、わからない言葉は、わからないとハッキリと意思表示をして、わかるまで説明してほしいと、依頼しましょう。

また認知症の場合は、症状によって、自立支援医療を受けることができます。その申請も市区町村が窓口になります。

何を、どこに、どのように?

何を?

要介護認定の申請に必要なもの
「申請書」「被保険者証」「主治医意見書」

申請書（介護保険 要介護認定・要支援認定申請書）

市区町村窓口へ直接もらいに行くか、
市区町村のホームページからダウンロードする。

被保険者証

65歳以上の方は……

「介護保険被保険者証」

65歳未満の方は……

「医療保険の被保険者証」を用意する。

主治医意見書

主治医がいる人は……
申請書に主治医の名前・病院名などを記入する。
主治医がいない人は……
市区町村指定の医師の診察を受けに行き、
申請書に医師の名前・病院名などを記入する。

どこに?

市区町村の介護保険課窓口へ

どのように?

申請書類による受付が完了したら、どの程度の介護が必要かを判断するため、調査員による訪問調査が行われます。

介護対象となる方の、身体機能、認知機能などにかんして、介護対象者本人に聞き取り調査をし、家族にも聞き取り調査を行います。

この時、介護対象者が普段はできないことを「できます」と言ってしまう場合があるため、家族が同席し、あとから訂正できるようにするとよいでしょう

7 介護の伴走者ケアマネージャー

もっとも頼りになる、いちばん身近な専門家。

ケアマネージャー（ケアマネ）は、介護の始まりから、継続するかたちで、つねにかかわってもらうことになる専門職です。

まさに介護の伴走者といえる存在です。

ケアマネは、介護を受ける人や家族の希望に応じて、ケアプラン（サービス計画書）を作成します。

介護保険のサービスは、このケアプランにしたがって受けることになります。

介護サービスを提供する事業者との連絡や調整もケアマネの仕事です。

施設入所を希望する人には、適切な施設を紹介してくれます。

居宅介護支援事業所とは？

ケアマネが所属する事務所です。

訪問介護やデイサービスの事業所に併設されている場合が多いようですが、個人で独立開業した事業所もあります。

どちらがよいとは一概にいえません。

ケアプランの作成依頼をする時の窓口となり、介護のサービスを提供する事業者との連絡・調整をします。

相談は無料です。

ケアマネージャーの決まり方

市区町村窓口または、地域包括支援センターでは、居宅介護事業所を紹介してくれます。そこでさらに担当のケアマネが紹介されます。

しかし**ケアマネを決めるのは、基本的にはサービスを受ける側**が選択をします。

ケアマネージャー選択のポイント

ケアマネは、**介護の専門知識を幅広く持った専門家で、医療、保健、福祉の現場で5年以上経験を積んで取得できる資格**です。

ケアマネのキャリアはさまざまで、看護師や介護職員経験者が多いようですが、医師や柔道整復師、栄養士（管理栄養士を含む）出身の人もいるので、それによって**得意分野が異なります**。

たとえば、ホームヘルパーを経験したあと、資格取得をしているケアマネは、家庭介護の現場をよく理解し、そこでの身体介護や生活支援を経験していますから、きめの細かな目配りがきいた計画が得意です。

また看護師から資格を取得しているケアマネは、医療の知識や経験を活かした計画を用意してくれますし、在宅医療では専門的なアドバイスをしてもらうこともできます。

目的に合ったケアプラン

ケアマネには、**介護を受ける本人の状態や家庭で介護をする人の生活を考えて、どんなサービスが必要かを提案してもらう**必要があります。

そのために、ケアマネの知識や経験が頼りになるか、目的通りにケアプランをそれぞれのサービス事業所に実行させるスキルを持っているか、など、ケアマネの能力を見きわめましょう。

またケアマネは月に1回定期訪問するなどし、これから長いつきあいになります。

信頼できる誠実な人なのかも大切なポイントです。**できる限り、話す機会を持ちましょう**。

ケアマネージャーとのトラブル

家族の介護者にとって、もっとも頼りになると同時に、もっとも不満を感じたり、トラブルのもとになることが多い専門職は、ケアマネであることも事実です。

その理由は、本人や家族に対する配慮のない言動や、家族の介護者の意図にそわないケアプランしか作成できないこと、利用者の状態に合わないサービス事業者ばかりを紹介すること、などがあります。

もし、ケアマネの対応に納得できない時には、代わってもらうことができます。その際は、市区町村や地域包括支援センターへ事情を説明し、相談しましょう。

また、ケアマネは、介護する場所が変わると、変更になることがあります。

在宅から施設に入居をした際には、施設のケアマネに担当が変更になります。

その際に、これまでのように**介護が始まった時から苦労を分かちあった関係ではなく、事務的な対応になった**、という声もよく耳にすることがあります。

知っておくべきこと

第1章

＊介護は、ある日突然始まります。
そしてゴールもゴールまでの道のりもなかなか見えません。
始まる前の日常を変えないように、環境を整えることが必要です。

＊最初の相談の窓口は市区町村。
あるいは地域包括支援センター。なんでも相談しましょう。
わからないことは、わかるまで聞きましょう。

＊介護保険は申請主義。とにかく申請しないと利用できません。

＊ケアマネとは、介護の始まりからゴールまでつきあうことになります。
知識や経験、スキルを持っているか、信頼できる人かを見きわめます。

＊人間だから相性はあります。
ケアマネとどうしても相性が合わない時は、迷わず代わってもらいましょう。

第2章

介護に必要なお金とサービス

申請を済ませて、要介護認定を受けて、介護もいよいよ本格スタート。ところが今度はいったいどんなサービスを利用したらいいのかわかりません。資料をもらってみても「介護老人保健施設」「訪問介護」「認知症対応型通所介護」「小規模多機能型居宅介護」など漢字の羅列が続きます。どんなサービスなのか、いくらかかるのか、ざっくりとつかみましょう。

8 介護サービスにはいくらかかるの？

利用者の所得や、住んでいる場所によって料金は変わります。

何が必要かを見きわめること

介護保険制度では、利用者の所得に応じて、自己負担で支払う金額が違います。

自己負担は1割または2割（一定所得以上の場合）になります。

要介護度によって、サービスを受けられる量や内容が変わってくるので、負担額が多くなったり、自費で払う場合もあります。

本当に必要なサービスに絞り込むことで、費用の軽減をすることができます。

介護サービスにかかる料金を、介護保険では単位数と単価で計算します（以下、計算の一例を紹介します）。

たとえば「訪問介護」でホームヘルパーに排せつなどの「身体介護」のサポートを受けたとします。かかった時間が20分以上30分未満であれば、料金は245単位になります。単価は基本10円ですから、2，450円です。

このうち自己負担が1割だとすると、245円になります。

ところが、ここから少し複雑になります。この単価は住んでいる場所によって変わります。

たとえば東京23区なら11・40円、私の住む東京都小金井市なら11・05円になります。

したがって小金井市では、

245（単位）×11・05（円）＝2，707・25（円）＊

実際の料金は、2，707円なります。

介護保険から9割が給付されるので、

2，707（円）×0・9＝2，436・3円＊

したがって自己負担額は、

2，707（円）－2，436（円）＝271（円）

271円になります。

＊端数は切り捨て

住所によって、この単価が違うのは、場所によって人件費や物価の違いがあることに対応したものです。全国が1級地から7級地、その他、と8段階に分類されています。

費用の一部は負担してもらえる

ケアプランにもとづいてサービスを利用した場合、サービス事業者に支払う利用負担は、かかった費用の1割です。ただし、一定以上所得者は平成27年8月から利用者負担が2割になります。

一定以上所得者とは

本人の合計所得金額が160万円以上で、同一世帯の第1号被保険者の「年金収入+その他の合計所得金額」が単身280万円以上、2人以上世帯346万円以上の人。

在宅サービスの費用

介護保険では、要介護状態区分に応じて上限額（支給限度額）が決められています。上限額の範囲内でサービスを利用する場合は、利用者負担は1割（一定以上所得者は平成27年8月から2割）ですが、上限を超えてサービスを利用した場合には、超えた分は全額利用者の負担となります。

主な在宅サービスの支給限度額

要介護状態区分	1か月の支給限度額
要支援1	50,030円
要支援2	104,730円
要介護1	166,920円
要介護2	196,160円
要介護3	269,310円
要介護4	308,060円
要介護5	360,650円

（小金井市福祉保健部介護福祉課資料より）

※左記の支給限度額は標準地域（「その他」の地域）のケースで、人件費等の地域差に応じて限度額の加算が行われます。

東京都でも23区（1級地）、小金井市（3級地）などさまざまです。

気をつけておきたいのは左の図の「支給限度額」です。たとえば要介護1であれば、ひと月16万6，920円になります。そのうち実際給付されるのは、9割の15万228円になり、自己負担額は1万6，692円になります。この金額を超えるサービスを利用した場合は、その分の金額は自己負担となります。

9 さまざまな介護のための「住まい」①

それぞれに、長所と短所があるので、目的に合わせて選びたい。

特別養護老人ホーム（特養）「入所施設」

自宅での介護が困難な人に

65歳以上で、要介護3以上の認定を受け、つねに介護が必要な状態で、自宅での介護が困難な人が入居の対象になります。緊急性の高い人が優先されます。多床室の従来型（相部屋）、個室・ユニット型などの居室のタイプによって費用も異なります。

待機者が多く、すぐに入居できないことも

施設で生活するために、必要な介護サービス全般を受けることができます。日中は、施設内でのアクティビティー行事、体操、カラオケ、書道、絵手紙など、施設によってさまざまな、行事が行われています。

医療にかんしては、看護師が日常の健康チェックをするほか、服薬の管理も行います。医師にかんしては、非常勤医師がいる場合や、週1〜2回、近隣医療機関と連携し往診が行われる場合や、通院、受診で対応している施設もあります。

近年、「看取り」を行う施設も増えてきています。家族が「終の棲家」として「看取り」を依頼する場合、施設側と話して医療行為にかんする誓約書などを確認することも、入居時契約の際の重要事項になります。

ただ残念なことに入所待機者が多く、希望しても、すぐには入居できないことが多いようです。

ユニット型個室が多くなってきていますが、多床室の相部屋も多く、どうしても個室ということになると入居の難易度も高まります。

介護度の高い入居者が多く、過酷な労働環境なために、スタッフが不足気味という課題もあります。

医療機関ではなく生活の場であるため、病状が悪化した場合や、入院が長引いた場合などには、退所となる施設もあるので、注意しましょう。

有料老人ホーム・介護施設の数と居室数

施設の種類			ホームの数	居室数
民間運営	有料老人ホーム	介護付き有料老人ホーム	3,308	203,914
		住宅型有料老人ホーム	5,100	143,466
		健康型有料老人ホーム	16	611
	その他の施設	サービス付き高齢者向け住宅	4,555	146,544
		グループホーム	12,537	189,996
公的施設	介護保険施設	特別養護老人ホーム	7,865	516,000
		介護老人保健施設	3,994	349,900
		介護療養型医療施設	1,575	70,300
	福祉施設	ケアハウス	2,182	91,474

（厚生労働省　介護を受けながら暮らす高齢者向け住まいについて
有料老人ホーム・サービス付き高齢者向け住宅に関する実態調査研究）

公的なサービスを受ける施設のため、低料金、入居一時金などはありません。

自己負担金の目安は「多床室」1日あたり（要介護3）で682円です（以下自己負担金は1割で計算）。

介護老人保健施設（老健）「入所施設」

在宅復帰に向けてリハビリを

病気やケガのために急性期病院で入院治療を受ける時に、要介護状態が始まることがあります。老人保健施設は、その後の在宅復帰へ向けて、リハビリを目的としている施設です。

したがって、入所施設だけではなく、短期入所や通所・訪問リハビリテーションとしての役割も担っています。

入所期間は原則3か月で、3か月ごとにケース会議が実施され、入所の継続、退所等の判断がされます。

医療のケアが充実している

現状、老健から在宅へ戻る人は少なく、長期入所をしている人が多いのが実情で、特別養護老人ホームへ入るための待機場所となっています。

老健は、医療的なケアが充実しており、日常生活の食事、入浴、排せつでの介護を受けることができます。理学療法士、作業療法士、言語聴覚士などの専門職が配置されているので（上記すべての専門家が全員そろっているとは限りません）、機能回復のリハビリが充実しています。

公的機関のため利用料金が安く、入居一時金はありません。

自己負担額の日安は「従来型・多床室」で1日あたり（要介護3）で877円です。

施設には個室は少なく、多床室の部屋が多いようです。

介護療養型医療施設「入所施設」

長期の医療ケアを受けることができる施設でしたが、2018年3月で廃止になる予定です。

認知症対応型共同生活介護（グループホーム）「住居」

家庭的な雰囲気の生活空間

グループホームとは、軽度の認知症の人が、専門のスタッフの援助を受けながら共同生活をする住まいです。実情は入居施設といってもよいでしょう。

住宅としての環境を重視し、マンションの一部を使用したり、一戸建ての家を改築して使用したりと、家庭的な居場所になっています。食堂、リビング、台所、浴室は共同です。

1ユニット5人から9人で共同生活をします。ひとつの場所で3ユニットまでとなりますが、ユニット数により料金が変わります。

認知症の知識と介護経験を持つ介護スタッフが見守り・食事・掃除・洗濯・入浴・機能訓練・緊急時対応など日常生活のサポートを行います。

自己負担額の日安は2ユニット（要介護3）で1日あたり806円です。

自立した生活を送ることができる

入居者は、自分でできることは、自分でするのが基本です。食事、家事、買い物など、職員のサポートを受けながら行い、自立した生活を保つことができます。

共同生活ですが、個室になっているところが多いようです。

初期費用として、入居にあたって一時金があります。

食費、おむつ代は実費負担が必要です。認知症の症状が進むと、退所をしなくてはならないケースも出てきます。医療的な事情から退去を求められることもあります。

グループホームと同じ地域に住民票がないと入居ができません。

特別養護老人ホーム（特養）

メリット

- 入居一時金が不要
- 利用料金が安い
- 終身の利用が可能
- 機能訓練に積極的
- レクリエーションが充実している施設が多い

デメリット

- 病状が悪化した場合は、退所となることもある
- スタッフが不足していることもある
- 入居待ちの人が多く、1年以上待たされることもある
- 多床室の場合は、プライベートの確保が難しい

介護老人保健施設（老健）

メリット

- 入居一時金が不要
- 利用料金が安い
- 医療や機能回復のリハビリが充実している

デメリット

- 多床室の場合が多い
- 入所期間が限られている
- 退所すれば、在宅復帰か特養などへの入所となる

10 さまざまな介護のための「住まい」②

介護保険以外の施設～市区町村・社会福祉法人の運営など。

ケアハウス（軽費老人ホーム）「住居」

家族の援助が難しい人に

身寄りがない、または経済的な事情などにより家族と暮らすことができない高齢者に、生活のサポートをする住まいが、軽費老人ホームです。

社会福祉法人や地方自治体や民間業者が運営する福祉施設で比較的安い費用で利用できます。

この軽費老人ホームにはA型、B型、C型（ケアハウス）などがあります。

そのなかで、ケアハウスには介護サービスを提供するタイプの施設があります。

介護型ケアハウスの入居条件は、65歳以上の要介護者となります。

軽費老人ホームは、**低所得者の高齢者でも入居できて、比較的費用も安い**ことから人気が高いのですが、数が少ないために、入居待ちの待機者もあるようです。

ただし、介護型ケアハウスでは入居時一時金が0円から高額の場合もあり、申し込みの前に必ず確認しましょう。利用金額の目安は、ひと月6～20万円程度といわれています。

有料老人ホーム「住居」

介護付き／住宅型／健康型の3種類

特別養護老人ホームなどに入所ができない場合は、住まいとして有料老人ホームを考えなくてはなりません。

有料老人ホームは、介護付き・住宅型・健康型と3種類があります。

民間企業などが運営している有料老人ホームは、住居も比較的新しい建物も多いようです。

サービス内容はホームによって違うのでこれも確認し

ておくことが大切です。

入居一時金も、億単位の高級マンションなみのホームもあり、格差が大きいのが特徴です。

料金は、かなりの高額なものから、「厚生年金 プラス アルファ」程度で入居できる施設もあります。しかし、入居一時金などや維持費、毎月の生活費も含めると負担額は少なくありません。

病気になり、長期入院などになる場合は、退去するな

グループホーム

デメリット

- 入居一時金がある
- 利用料金が高額になることも
- 認知症が進行した場合、退所しなければならないケースも

メリット

- 認知症の知識と介護経験を持つスタッフがいる
- 認知症ケアのための機能訓練やレクリエーションが充実している
- 5～9人での共同生活なので、アットホームな雰囲気

ケアハウス（軽費老人ホームC型）

デメリット

- 数が少ないので入居待機者が多い
- 介護型では、入居一時金が高額になる場合もある

メリット

- 利用料金が安い
- 身寄りがない、家族と暮らすことができない高齢者をサポート

どの条件がある場合もあります。

介護付き有料老人ホーム

ホームが提供する介護サービスを利用できます。「特定施設」に指定されている住まいです。入浴、排せつ、食事の提供、洗濯、掃除などの家事、健康管理、状況把握、生活相談などサービスを提供しています。

住宅型有料老人ホーム

食事の提供など、生活サービスが付いた高齢者向けの住まいです。

介護が必要となった場合、入居者自身の希望があれば、**地域の訪問介護などの介護サービスを利用しながら、ホームでの生活を継続**することもできます。

健康型有料老人ホーム

健康に不安のない高齢者のための住まいです。食事などのサービスが提供されます。介護が必要となった場合には、退去することになります。

サービス付き高齢者向け住宅「住居」

高齢者向けの賃貸住宅

状況把握、生活相談などのサービスを提供する住宅です。賃貸住宅なので、高額な入居一時金は必要ありません。

介護が必要になった際には、**個々に外部の事業所に依頼して、サービスを受けることもできます。**「特定施設」に指定されている場合は、施設内の職員に介護サービスを受けることができます。施設によってサービスが異なるので、必ず入居時にサービスの内容を確認しましょう。

無届け介護ハウス

最近、高齢者の住まいとして問題になっているのが、制度外の居住「施設」です。「無届け」ですから設備やスタッフの基準も行政の指導を受けていません。費用なども安いため利用する人も多く、急増しているようです。しかし、劣悪な環境や防災設備の点からも不安があるものが多く、問題を指摘する声があがっています。

有料老人ホーム

	メリット	デメリット
介護付き有料老人ホーム	・さまざまな介護サービスを受けることができる ・洗濯、掃除などの家事や、健康管理などのサービスも充実している	・入居金や利用料金が高額になる場合がある ・病気や長期入院などによっては、退去する場合もある
住宅型有料老人ホーム	・食事などの生活サービスが受けられる ・地域の訪問介護などのサービスも、同時に利用できる	・入居金や利用料金が高額になる場合がある ・介護サービスの種類や回数によって、自己負担額が高くなることもある

サービス付き高齢者向け住宅

メリット	デメリット
・高額な入居一時金が必要ない ・特定施設に指定されている場合は、介護サービスが受けられる ・住宅なので、比較的自由な生活ができる	・認知症の程度によっては入居できないことも ・特定施設以外では、介護は、外部の事業者に依頼するので、利用度によって自己負担が高くなる

11 「訪問」自宅に来てもらうサービス

「ついでにお願い」がトラブルのもとにも。

訪問介護

訪問介護員（ホームヘルパー）は、利用者の自宅を訪問し、食事・排せつ・入浴などの介護（身体介護）や、掃除・洗濯・買い物・調理などの生活の支援（生活援助）をします。通院の時の乗車・移送・降車の介助サービスを提供する事業所もあります。

利用にあたっては、ホームヘルパーの人には、要介護者がこれまで自宅でどのように生活してきたかを理解してもらう必要があります。

たとえば、よくトラブルの原因になるのはカレーライスだそうです。

カレーライスは、「調理」で、リクエストの多いメニューのひとつです。ヘルパーの人も得意にしている人が多いでしょう。はりきって調理して、よろこんでもらえると思いきや、「うちのカレーではない」と手をつけないことがあるそうです。

もちろんインスタントのルーでつくったのが、いけなかったわけではありません。

これが外食やデイサービスの昼食だったらよろこんで食べるでしょう。

しかし、ここはあくまで「自宅」です。要介護者が食べたいのは、かつて自分がつくっていた、あるいは奥さんがつくってくれたカレーライスなのです。

カレーはインスタントでも、入る具は何にするか、肉は牛か豚か鶏か、野菜は何にするか、「ハウス」か「S&B」か、煮込み方はどうするか。

家族にとっては、こだわりのない当たり前の習慣もヘルパーの人には伝えなければ、わかりません。

ヘルパーの人に「買い物」もお願いする時には、要介護者が、どのような商品を好んでいたか、メーカーや銘柄など（近所のスーパーやコンビニで購入できるレベル）をできるだけ具体的に伝えるようにします。

「調理」にあたっては、出汁、味付け、調味料、料理方

訪問を受けて利用するサービス

訪問介護（ホームヘルプ）

要介護1～5の人

ホームヘルパーに居宅を訪問してもらい、入浴、排せつ、食事などの身体介護や調理、洗濯などの生活援助※が受けられます。通院などを目的とした乗降介助も利用できます。

※ご家族の状況により利用できない場合があります。

サービス費用のめやす

身体介護（20分以上30分未満の場合）
▶2,707円

※早朝、夜間、深夜などは加算あり

通院のための乗車または降車の介助
▶1,071円

※移送にかかる費用は別途自己負担

要支援1・2の人

利用者が自力では困難な行為について、同居家族の支援や地域での支えあい・支援サービスなどが受けられない場合に、ホームヘルパーに訪問してもらい支援を受けます。

サービス費用のめやす
（月単位の定額）

週1回程度の利用
▶1か月12,906円

週2回程度の利用
▶1か月25,801円

週2回程度を超える利用
▶1か月40,929円
※要支援2のみ

※身体介護・生活援助の区分はありません
※乗車・降車等介助は利用できません
※平成28年度中に総合事業へ移行します

（小金井市福祉保健部介護福祉課資料より 費用は小金井市の場合）

法（家庭で普通に毎日つくるレベル）など、できるだけ家庭の味を伝えましょう。

もちろん「できること」があれば、要介護者にも料理づくりを手伝ってもらいます。

生活援助のサービスに対して、誤解する利用者や家族も多いようです。

訪問介護は、**家政婦のような家事の代行業ではありません。**利用者の日常生活の援助の範囲を超えるサービスは、対象外になります。

たとえば、家族のための家事や来客の対応、ほかの家族の部屋の掃除、草むしり、ペットの世話、大掃除、窓のガラス磨き、正月の準備などは、ついうっかり訪問介護員に頼んでしまい、トラブルになることもあるようです。自己負担額の目安は身体介護中心型で１６５円（20分未満）から、生活援助中心型で１８３円（20〜45分）から、となります。

訪問入浴介護

自分で入浴することができなくなった利用者に対して、看護職員と介護職員が自宅を訪れて、持ち込みの浴槽で、部屋での入浴をサポートするサービスです。自己負担額の目安は１回全身浴で、１，２３４円（要介護）。全身浴と清拭・部分浴では料金が異なります。

訪問看護

看護師などが病気の利用者の**自宅を訪問**し、**主治医の指示により健康チェックや療養上の世話、診療の補助を行います。**訪問看護では、病状に応じて、次のようなサービスを受けることができます。

血圧、脈拍、体温などの測定、病状のチェック、薬の飲み方や管理についてのアドバイス、排せつ、食事、入浴などの介助、注射、床ずれの手当、療養生活についての相談やアドバイス、主治医との連絡・調整、リハビリテーションなどです。

終末期のケアにも対応します。自己負担額の目安は、20分未満で３１０円から（訪問看護ステーションの場合）。

訪問リハビリテーション

通院が難しい利用者のために、理学療法士、作業療法士、言語聴覚士などの専門家が自宅を訪問し、実際の生活に合わせて**歩行訓練や生活動作の訓練などのリハビリテーション**を行います。生活・運動のアドバイスや、福祉用具や住宅改修の相談にも対応してもらえます。自己負担額の目安は１回３０２円（20分以上）です。

訪問入浴介護

要介護1～5の人

介護職員と看護職員に居宅を訪問してもらい、浴槽を提供しての入浴介護が受けられます。

サービス費用のめやす（1回につき）

13,635円

要支援1・2の人

介護職員と看護職員に居宅を訪問してもらい、介護予防を目的とした入浴の支援が受けられます。

サービス費用のめやす（1回につき）

9,215円

訪問リハビリテーション

要介護1～5の人

居宅での生活行為を向上させるために、理学療法士や作業療法士、言語聴覚士に訪問してもらい、リハビリテーションを利用します。

サービス費用のめやす（1回につき）

3,270円

要支援1・2の人

居宅での生活行為を向上させる訓練が必要な場合に、理学療法士や作業療法士、言語聴覚士に訪問してもらい、短期集中的なリハビリテーションを利用します。

サービス費用のめやす（1回につき）

3,270円

訪問看護

要介護1～5の人

疾患などを抱えている場合、看護師などに居宅を訪問してもらい、療養上の世話や診療の援助が受けられます。

サービス費用のめやす
（30分未満の場合）

訪問看護ステーションからの場合
▶5,116円

病院または診療所からの場合
▶4,331円

要支援1・2の人

疾患などを抱えている場合、看護師などに居宅を訪問してもらい、介護予防を目的とした療養上の世話や診療の補助が受けられます。

サービス費用のめやす
（30分未満の場合）

訪問看護ステーションからの場合
▶5,116円

病院または診療所からの場合
▶4,331円

（小金井市福祉保健部介護福祉課資料より 費用は小金井市の場合）

12

地域に密着したサービス

介護の必要に応じて、それぞれのタイプを選ぶ。

夜間対応型訪問介護 「訪問」

夜間帯（18時～翌日8時）に、訪問介護員（ホームヘルパー）が自宅で暮らす人を訪問します。

定期的に入浴・排せつなどの日常生活の介助をしたり、安否確認をする「定期巡回」と、体調が悪くなったり、必要な時に介助を受けたりできる「随時訪問」などのサービスがあります。要介護者のみの利用です。

自己負担額の目安は「定期巡回」1回あたり368円、「随時対応」1回あたり560円です。

定期巡回・随時対応型訪問介護看護 「訪問」

1日複数回の定期的な訪問と、連絡を受けての対応・訪問をするサービスがあります。**24時間365日、必要なサービスを必要なタイミングで柔軟に利用できます。**

訪問介護員だけでなく、看護師などを組み合わせたサービスを受けることもできます。利用できるのは要介護者のみです。

介護・看護が一体になっている一体型事業所と、訪問介護の事業所が訪問看護の事業所と連携している場合があります。

自己負担額の目安はひと月で19，686円（一体型で介護・看護の両方利用、要介護3の場合）です。

小規模多機能型居宅介護 「訪問」「通い」「宿泊」

施設への「通い」（デイサービス）を中心に、短期間の「宿泊」（ショートステイ）や自宅への「訪問」を組み合わせたサービスが利用できます。

この3つのサービスを別々の事業所に頼むとすると、それぞれが別のスタッフ、別の場所ということになります。

しかし、この小規模多機能型居宅介護であれば、**いつもの場所で顔なじみのスタッフから、必要なサービスを受けることができます。**

これは利用者本人にとっても安心できて、家庭的な雰囲気での対応が望めます。

また、家庭で介護する家族にとっても、スケジュールの調整も含めて窓口がひとつであり、**臨機応変の対応をしてくれるので負担をかなり軽減できる**ことになります。ひと月の利用料金も定額制なので、費用がふくらみすぎることもありません。

ひとつの事業所で25人以下の登録者という、少人数に対するサービスですので、利用者同士や職員との人間関係が濃密になり、うまくいかない時にはトラブルにもなりかねないため気をつける必要があります。

小規模多機能型居宅介護を利用することで、ほかの事業者に依頼できなくなるサービスもありますので、注意が必要です。

自己負担額の目安はひと月２２，０６２円（要介護３）です。

複合型サービス
「訪問（介護・看護）」「通い」「宿泊」

小規模多機能型居宅介護に、さらに医療的なケア「訪問（看護）」も組み合わせた比較的新しいサービスです。

利用料金は１か月の定額制になっているので、自己負担額はひと月で２４，２７４円（要介護３）です。

定期巡回・随時対応型訪問介護・看護

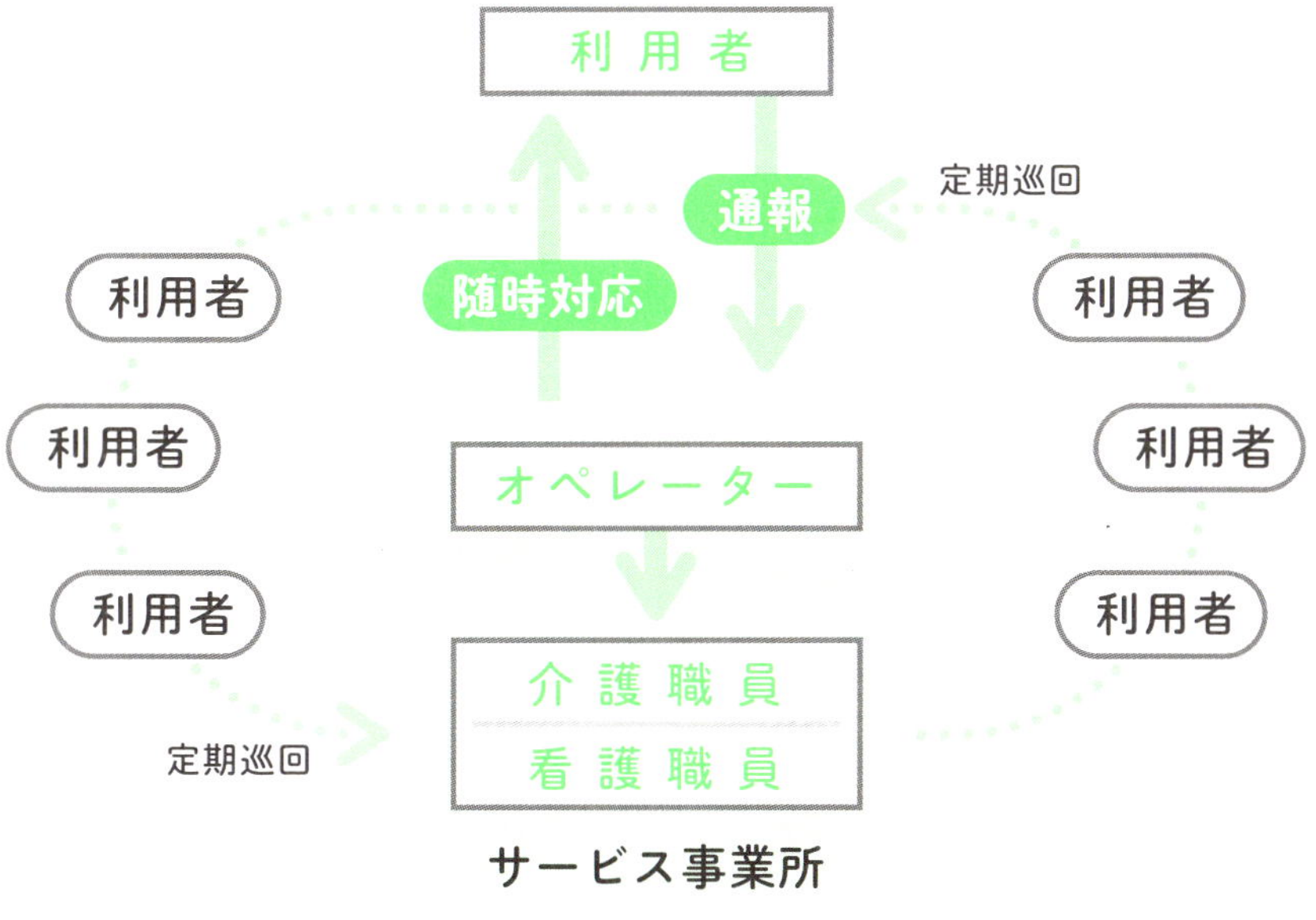

13

「通い」ながら受けるサービス

家族の負担を軽減させながら、生活を維持・向上させる。

通所介護（デイサービス）

自宅で介護を受けている高齢者が、デイサービスセンターなどに通って受ける日帰りのサービスです。送迎付きで、食事や入浴、機能訓練、レクリエーションなどのサービスを受けられます。

自宅で引きこもりがちな高齢者の孤独感を解消し、口腔ケアや日常生活を維持・向上するために身体のトレーニングも行われます。最近は入浴に力を入れたり、最新の機械をとり入れて機能訓練をするところも増えています。また家庭介護を担当する家族にとっても、日中の負担が軽減され、レスパイト（休息）の時間になります。

費用は規模によって違いますが、自己負担額の目安は通常規模型（要介護3）で898円（7時間以上9時間未満）になります。

また事務所によってはそのまま「宿泊」できるサービスもあり、いつもの場所での「宿泊」なので安心できるのですが、介護保険は使えません。

通所リハビリテーション（デイケア）

病院・診療所や介護老人保健施設に通って、看護師、理学療法士、作業療法士、言語聴覚士などの専門職によるリハビリを受けることができます。

費用は規模によって違いますが、自己負担額の目安は通常規模型（要介護3）で1，022円になります。

認知症対応型通所介護

認知症の人を対象にして、専門的なサービスが受けられるデイサービスです。単独の事業所（単独型）、特別養護老人ホームに併設されている場合（併設型）や、グループホームで実施している場合（共用型）があり、それぞれのタイプで料金が異なります。

自己負担額の目安は単独型（要介護3）で1日（7時間以上9時間未満）1，199円です。

施設に通って受けるサービス

通所介護（デイサービス）

要介護1～5の人

通所介護施設で食事、入浴などの日常生活上の支援や、生活行為向上のための支援を日帰りで受けられます。

サービス費用のめやす

通常規模の事業所・7時間以上9時間未満の場合 ※送迎を含む

要介護1～5

▶7,006～12,217円

療養通所介護（難病やがん末期の要介護者を対象）

6時間以上8時間未満の場合

▶16,137円

※平成28年4月より小規模の通所介護事業所については、地域密着型サービスに移行します。

要支援1・2の人

通所介護施設で食事、入浴などのサービスや生活行為向上のための支援のほか、目標に合わせた選択的サービスを受けられます。

サービス費用のめやす（月単位の定額）

【共通的サービス】 ※送迎、入浴を含む

要支援1	▶1か月17,589円
要支援2	▶1か月36,066円

【選択的サービス】

運動器機能向上	▶1か月2,403円
栄養改善	▶1か月1,602円
口腔機能向上	▶1か月1,602円
生活機能向上グループ活動	▶1か月1,068円

※平成28年度中に総合事業へ移行します。

通所リハビリテーション（デイケア）

要介護1～5の人

介護老人保健施設や医療機関などで、食事、入浴などの日常生活上の支援や生活行為向上のためのリハビリテーションを日帰りで受けられます。

サービス費用のめやす

通常規模の事業所・6時間以上8時間未満の場合 ※送迎を含む

要介護1～5

▶7,862円～14,306円

要支援1・2の人

介護老人保健施設や医療機関などで、食事、入浴などのサービスや生活行為向上のための支援、リハビリテーションのほか、目標に合わせた選択的サービスを受けられます。

サービス費用のめやす（月単位の定額）

【共通的サービス】 ※送迎、入浴を含む

要支援1	▶1か月19,623円
要支援2	▶1か月40,233円

【選択的サービス】

運動器機能向上	▶1か月2,436円
栄養改善	▶1か月1,624円
口腔機能向上	▶1か月1,624円

（小金井市福祉保健部介護福祉課資料より
費用は小金井市の場合）

14

短期間の「宿泊」サービス

要介護者の状態に気をつけて、計画的な利用を。

短期入所生活介護（ショートステイ）

要介護者の人が、特別養護老人ホームなどに短期間（連続して30日まで）宿泊して受ける介護サービスです。家庭で介護している人の精神的・身体的な負担を軽くしたい時や、病気の場合、冠婚葬祭や出張の時などに利用できます。

特養同様に、宿泊する部屋のタイプには「従来型個室」「多床室」「ユニット型」「ユニット型準個室」などの種類があり、また事務所の種類によって「単独型」と「併設型」があります。

目安の自己負担額は、（要介護3）で「併設型・多床室」で1日734円です。

短期入所療養介護（ショートステイ）

要介護者の人が、医療機関や老健などに短期間（連続して30日まで）宿泊して受けるサービスです。医療的なサービスが充実しているのが特徴です。

要介護者の持病に不安がある場合や、リハビリの必要がある時に利用します。

目安の自己負担額は、要介護3で「従来型個室」で1日856円です。

レスパイトには有効なサービス

ショートステイの利用は介護者にとっては、レスパイトをとるために、かなり有効です。ある程度まとまった日数を介護から離れることができるからです。

その間、自分の介護について客観的に考える時間にも使えます。

ただ要介護者にとっては、引きこもりがちな生活から気分を変える機会になる反面、慣れない場所に宿泊し続けるのは不安でもあり、居心地の悪さを感じるかもしれません。

また認知症の場合、環境の急な変化は、症状を悪化させることも考えられます。

メリットもリスクも大きなサービスだといえるかもしれません。

また、なかなかうまく宿泊の予約が取れないことも多いようです。

ケアマネなどに相談し、施設のスタッフ、サービス、設備、雰囲気などの情報を集め、また要介護者の状態を見きわめながら計画的に利用することが必要です。

施設に短期間入所して受けるサービス

短期入所生活介護（ショートステイ）

要介護1～5の人	要支援1・2の人
介護老人福祉施設などに短期間入所して、日常生活上の支援や機能訓練などが受けられます。	介護老人福祉施設などに短期間入所して、介護予防を目的とした日常生活上の支援や機能訓練などが受けられます。
サービス費用のめやす（1日につき） 併設型・多床室の場合	**サービス費用のめやす**（1日につき） 併設型・多床室の場合
要介護1～5 ▶**6,996円～9,887円**	要支援1 ▶**5,122円** 要支援2 ▶**6,292円**

短期入所療養介護（医療型ショートステイ）

要介護1～5の人	要支援1・2の人
介護老人保健施設などに短期間入所して、日常生活上の支援やリハビリテーションなどが受けられます。	介護老人福祉施設などに短期間入所して、介護予防を目的とした日常生活上の支援や機能訓練などが受けられます。
サービス費用のめやす（1日につき） 多床室の場合	**サービス費用のめやす**（1日につき） 多床室の場合
要介護1～5 ▶**8,789円～11,064円**	要支援1 ▶**6,493円** 要支援2 ▶**8,138円**

（小金井市福祉保健部介護福祉課資料より 費用は小金井市の場合）

15 よい介護施設・サービスの見分け方

種類が多くて、それぞれに長所と短所もあり複雑！

「費用負担」を確認する

とくに、介護保険適用以外の施設（有料老人ホームなど）に入居する場合は、必ず、「重要事項説明書」を確認しましょう。

消耗品の費用負担は、施設側か利用者側かはもちろん、退去の際の返還金のあつかいについても確認が必要です。**良心的な有料老人ホームは玄関入り口に「重要事項説明書」が提示してある**ことが多いようです。

インターネットでも、施設等が都道府県に提出した「重要事項説明書」を閲覧できます（東京都の場合は東京都福祉保健局のサイト）。

「ケア体制」から考える

どれだけ手厚いケアが受けられるかは、スタッフの数によって違ってきます。また夜間はスタッフが少ないことも頭に入れておいてください。

とくに看護職員がいるかどうか、その**勤務体制（常勤、非常勤、昼間のみか24時間常駐かなど）はチェックポイント**になります。

医療機関とどの程度緊密に連携しているか、日常的な健康管理、機能訓練指導員（リハビリ専門員）が常勤でいるかどうか、病気の急変など緊急時の対応や連絡体制はどうなっているか、「看取り介護」に対応しているかも確認しておきたいポイントです。

「運営体制」から考える

介護保険の入所施設を運営するのは、社会福祉法人、地方公共団体ですが、実質的な入所施設であるグループホームや有料老人ホームには、民間企業の参入が増えています。

また、居宅サービスのデイサービスや訪問介護も同様に、民間企業が経営している事業所が多くなっているようです。

医療系、不動産・建設系など、母体になっている企業のジャンルはさまざまですが、それぞれ得意分野を活かそうとサービスの差別化も進んでいます。

最近話題になったのは、神戸市のように、アミューズメント型デイサービスとして、麻雀・パチンコ・カードゲーム主体の事業所を条例で規制する自治体も現れたことです。

それだけサービスも多様化しているのですから、本人や家族が求めるサービスと合ったところを選ぶことが大事です。

「スタッフの質」から考える

施設に入居すると、要介護者は、生活の場が施設になります。24時間体制、とくにスタッフが少なくなる夜間の職員の対応能力は重要です。夜間は経験とスキル、判断能力が問われます。

その施設では職員のスキルアップのための研修があるのかどうか、ベテランの職員がいるかどうかなどが、チェックのポイントといえいえます。そういった意味でもスタッフの入れ替わりが激しい施設は要注意です。スタッフ同士の会話、身だしなみなども見学、体験入所をした際に、観察しましょう。

「ほかの利用者」から考える

いざ、施設へ入居したり、デイサービスなどに通ってみると、利用者の要介護度や個性から、施設の印象は変わってきます。

要介護者は、長い時間をそこですごすことになりますから、なじめない場合はたいへんな苦痛になったり、利用者同士のもめごとを生んだりします。入居や通所の前に一度は見学し、ほかの利用者の介護度や、サービスを受けている雰囲気を確認しましょう。

「食事」から考える

要介護者にとって、食事は重要な楽しみのひとつです。有料老人ホームなどでは、試食会ができる施設もあります。要介護者が入居する前に、家族も一緒に試食をしてみることをおすすめします。

施設によって、外部の配食業者を利用しているところ、介護職員がつくっているところなど、さまざまです。管理栄養士がいるのか、正月や季節に合わせた行事食があるか、病気に合わせて食材を変えたり、飲み込む力が弱くなった要介護者のためにきめ細かく調理しているかなど、確認しましょう。

16 介護職員との上手なつきあい方

「言うべきことは言える立場」だということを、理解しましょう。

「専門用語」がわからない

介護が始まり、介護を専門としている人と話をするようになると、会話のなかに何気なく専門用語が混ざってきます。

たとえば、介護初心者で「ジョクソウができていますね」と言われても、「ジョクソウ」が「褥瘡」という字で、それが「床ずれ」のことだとすぐにわかる人はいないのではないでしょうか。

介護を職業とする人には、こちらを混乱させようなどという悪気はないはずです。仕事で日常的に使っているので、ついついそのような言葉が出てくるのでしょう。

この言葉の壁が、介護者になったばかりの人に立ちはだかります。

わからない場合は、その場で即座に「わからない」ということを伝えて、ハッキリわかるように説明してもらうようにしてください。そのほうが、サービスを提供する人にとっても、じつはあとで助けにもなります。

わかりやすく説明することは、専門職として当然のサービスです。

介護者が気おくれすることはありません。

「言葉づかい」が気に入らない

とくに入居施設で見受けられることですが、要介護者に「○○ちゃん」といったような呼びかけをする人がいます。幼児を相手にしているような言葉で、会話している専門職の人は多いのです。サービスをする側としては、要介護者と親しいつもりなのかもしれません。

少し考えればわかるように、いくら親しいとしても、普段の生活で年配者にそのような言葉づかいをするでしょうか。

要介護者が、一見そのような会話を受け入れているようでも、内心たいへん不快に思っているはずです。

認知症でも、その人のプライドはそのまま残っています。

また、会話自体の記憶は失われても、不快な感情はいつまでも残ることがあります。

人生の先輩に対して、敬意をもって接してほしいと、家族として意思表示することも大切です。

「担当者の変更」を願い出る

介護者が、介護保険サービスをうまく利用するために欠かせないキーパーソンがケアマネージャーです。

ケアマネが紹介してくれるサービスや事業所が、介護者・要介護者にとって満足のいくものかどうかで、自分たちの生活が大きく左右されてしまうからです。

要介護者や介護者の生活スタイルや価値観、経済状態をちゃんと把握して、適切な提案をしてくれているのかどうか、いま一度しっかりと確認しましょう。

もしかして、もっとよい施設や事業所、サービスがあるのではないか？——介護者が、ケアマネに対して疑心暗鬼の気持ちをいだくことは、よくあることです。

どうしてもケアマネが信用できない。うまく意思疎通ができない。そうなったら、担当を変更してもらうことができます。

人と人との関係ですから、相性もあります。ガマンしてつきあう必要はまったくありません。

なかなか解決しない場合は、市区町村窓口に相談して居宅介護支援事業所ごと変えてしまう方法もあります。

「話しあう」ことをめんどくさがらない

介護の現場は、人と人との関係で成り立っています。そうである以上、どんなに仕事のできる専門職であっても、トラブルのもとになる可能性はあります。介護者側は、親や家族のことなので、どうしても感情的になりがちなのも、原因のひとつです。

また、専門職の仕事の性格上、こちらの望むサービスが提供「できない」場合もあります。

何かしらのトラブルが専門職の人と起きた場合、必ず話しあいの場を設けてもらい、介護者や要介護者が希望することが「できる」のかどうか、まずは直接聞いてみることをおすすめします。

長きにわたる介護生活を乗りきるためには、家族以外の専門職の力を借りないわけにはいきません。

だからといって、こちらの思っていること、感じていることをガマンして黙っているべきではありません。

むしろ積極的にコミュニケーションをとるべきです。言いたいことをちゃんと話しあえることが、ひいては信頼関係をつくっていくことにつながります。

17 医療施設との上手なつきあい方

「家庭医」は、もっとも頼りになる医療パートナー。

大学病院や総合病院よりも、近くのお医者さん

「あなたの家庭には『家庭医』がいますか？」

　この質問に、あなたならどう答えるでしょうか。なじみの近所の医師の名前が、思い浮かんだ人もいるかもしれません。

　あるいは「そもそも『家庭医』ってなんだ？」と思った人もかなりいるのではないでしょうか。

　この「家庭医」こそ、家庭での介護にとって、もっとも頼りになる医療のパートナーだと私は思っています。

病気よりも、病人を診る

「家庭医」は、「かかりつけ医」「総合診療医」などの呼び方もありますが、やっとその存在意義が認められ、この種の医療のあり方が日本でも普及しはじめているようです。

　「家庭医」とは、家族の日常生活における身体の悩み全般の相談にのってくれる医師のことです。

　欧米やアジアの先進地域では、家庭ごとに必ず家庭医(family doctor)がいて、日常的に病気治療や健康相談を受け持っているといわれています。

　日本のように「体の調子がおかしい」となれば、まず大学病院や総合病院に駆け込んでしまう人が多いのは、かなり特殊な医療風土といえるかもしれません。

　小児科・婦人科・胃腸科、また、年齢別・性別・臓器別などといった、縦割りの専門領域から「病気」を診るのではなくて、「病人」そのものを診ることを心がけた医療を提供してくれます。

高齢者のケアは家庭医の得意分野といわれている

高齢者ケアが得意といわれているのは、まず担当している高齢者の日頃の健康状態や病歴にかんして熟知しているので、診療が的確だからです。また病状の急変に対しても素早い対応ができます。

高齢者にとって、総合病院などの専門性が高い診療科での受診はかなり苦痛です。長い受診待ちの時間、たび重なる検査、病院内での移動距離など、それ自体、高齢者の体力を奪います。院内感染のおそれもありますし、予約制のところでも予約日までに症状が悪化するリスクがあります。

近所にあり、手続きも簡単、待ち時間も少なく、検査も最小限のもので済むのが、家庭医のよいところです。たとえ、専門性の高い病院で検査する場合でも、家庭医からの紹介により、待ち時間や手続きが少なくて済みます。受診が困難な高齢者には、訪問診療もお願いできるので、自宅で最期を迎えようと考える高齢者の、終末期サポートにも優れているといえるでしょう。

家族ぐるみで相談にのってもらえる

優秀な家庭医は、患者個人だけではなく、家族単位で見る（診る）ことに重点を置くといわれています。

ひとりの患者と、それを支える家族を含めてケアをしてくれることで、生活状況への理解が高まり、いろいろな相談にものってもらいやすくなるので、困っていたことへの解決策が見つかることもあるようです。

取材協力　むさし小金井診療所　所長　富永智一Dr.

総合病院・大学病院

- おもに病状を診る
- 受診までの時間が長く、診療時間が短い
- 予約制があって、予約日までの待機がある
- 総合診療にも専門性にもすぐれた診療ができる
- 検査機材が豊富
- 各分野の専門医がそろっている

家庭医

- 病状を診るが、患者の個性全体を見ている
- 受診までの時間が短く、診療時間に余裕がある
- 病態の変化によって、すぐに診てもらえる
- 専門的な診療が必要な場合は、適切な医療機関への紹介状が出せる
- 患者だけではなく、家族の状況も把握している
- 地域の医療ネットワークがあり、往診も可能

第2章

知っておくべきこと

＊介護のサービスには、大きく分けて「施設（入所）」「住まい（入居）」「通う」「訪問」「宿泊」などがあります。

＊「住まい」では、人気のあるサービスには入居待ちの待機者が多いことがあります。

＊介護者のレスパイト（休息）には、「通う」「宿泊」サービスを利用します。要介護者がそこで快適にすごせるかが、利用のポイントです。「訪問」では、ヘルパーの人に、これまでどのように生活してきたかを理解してもらいましょう。

＊民間企業が参入しているサービスでは、内容も多様化しています。要介護者に合ったサービスを選びましょう。

第3章

介護で倒れてしまわないための10の心得

介護はゴールの見えないマラソンのようなもの。いつ終わるのか、どこまで走るのか、誰にもはっきりとはわかりません。ひとりで介護を担うのは、肉体的にも精神的にもあまりにもハードです。介護者が倒れてしまってリタイアしては、元も子もありません。介護を乗りきり、それを充実した時間に変えてゆくための心得を紹介します。

18

介護で倒れてしまわないための10か条

介護体験者が教える「介護で後悔しない」ポイント。

いつ終わるのかが、わからない不安

家族の介護をする人が、心の底から思うことが、必ずあります。

「これから自分の生活はどうなるのか。そしてこの介護がいつ終わるのか。『介護の先』が知りたい」

「自分の代わりがほしい」

この思いは、おそらくすべての介護者に共通するものでしょう。

この叫びにも似た思いをいだくのは、介護者が、ふたつの厳しい「時間」の問題と向き合わなくてはならないからです。

ひとつは、**いつ終わるともしれない、介護のゴールまでの「見えない時間」**。

もうひとつは、これまでの家事作業や子育てや仕事という、**ただでさえ余裕のない日常に、突然重くのしかかる介護のための「実働の時間」**です。

介護の時間は、ただの苦悩の日々ではない

このふたつの「時間」の問題をどのように解決すればよいのでしょうか。

私は、いかにして「自分と自分の置かれている状況」を客観的にとらえることができるか、ということが鍵になると思っています。

そのことについて、これからこの章で、できるだけわかりやすく述べていきます。

これからみなさんにご紹介する「介護で倒れてしまわないための十か条」は、私自身や、私の周囲にいる元介護者の体験をもとに考えてみたものです。

私は、このふたつの**介護の「時間」が、「問題」ではなく、むしろ有意義にすごすことにつながる「きっかけ」**になるはずだと思っています。

第一条　まず、ロードマップをつくる
第二条　残っている能力を活かす
第三条　自分の居場所をつくる
第四条　自分の時間をつくる
第五条　置かれている状況を可視化する
第六条　家族のできることを可視化する
第七条　記録を残す
第八条　情報と知識を得る
第九条　介護者は司令塔だと心得る
第十条　介護手帳をつくる

19

第一条 まず、ロードマップをつくる

「介護の先を知る」ためには、専用のロードマップをつくろう。

終わりが見えないからこそ、予定を立てる

「介護の先」にあるもの、それは悲しい別れの時です。

その時が介護の終わる日になります。

介護は、いつ終わるのか。

それはわからないことが多いのです。

明日かもしれないし、十年後かもしれません。

とくに要介護者が認知症である場合は、余命を計ることは難しいのが現状です。

終わりが見えないということは、生活、ことに経済的な不安もつきまといます。

「つらいから」と、見て見ぬふりをしない

介護者は、必ずこの余命という「時間」を、見て見ぬふりをしてしまいます。

どうしても残された「時間」を「否定」したいという気持ちがあるからです。

私自身も、介護をやっていた期間を通じて、いちばん知りたかったにもかかわらず、怖くて口に出せなかったのが、介護している親の余命のことでした。

しかし、介護が終わってみると、私はこの「時間」をもっと大切にして、親と共有するべきだったと後悔をしています。

私は、両親の最期の瞬間に立ち会うことができませんでした。

両親ふたりともに、別れの言葉をかけてもらえず、かけることもできませんでした。

両親にとって、「私の介護はどうだったのだろうか？」自問自答する日々が続きました。

おおまかな目安がわかるだけでも役立つ

介護の終わりまでの「時間」はわかりません。

しかし、おおよその道のりについては、共通する経過があります。

これをまとめたものが、16ページの「ロードマップ」です。

もちろん、この道のりがすべての介護者や要介護者にあてはまるわけではありません。しかし、**介護の初めから終わりまでを見通すこと**は、おおまかな目安として多くの介護者の役に立つはずです。

このロードマップを見ることで、介護者は現在自分が、道のりのどのあたりを進んでいるのか、そして**いま自分がやっておくべきこと、さらに、これからの「時間」をどうすごしていくのか、客観的に判断できる**はずです。

がんばったことを後悔しないために

このロードマップの過程で、介護者は、**「混乱」・「否定」・「絶望」・「割り切り」・「受容」**などの、それぞれの気持ちを行ったり来たりします。

最終的には、ロードマップが終わる時、つまり「介護の先」でどのような気持ちになれるのかが重要です。

このままでは、介護を後悔することになる、そんな心配がありませんか？

どうしたら、最期まで、家族の大事な時間を共有できるのか――ロードマップを見ながら、客観的に介護を考える時間をつくっていきましょう。

ロードマップ

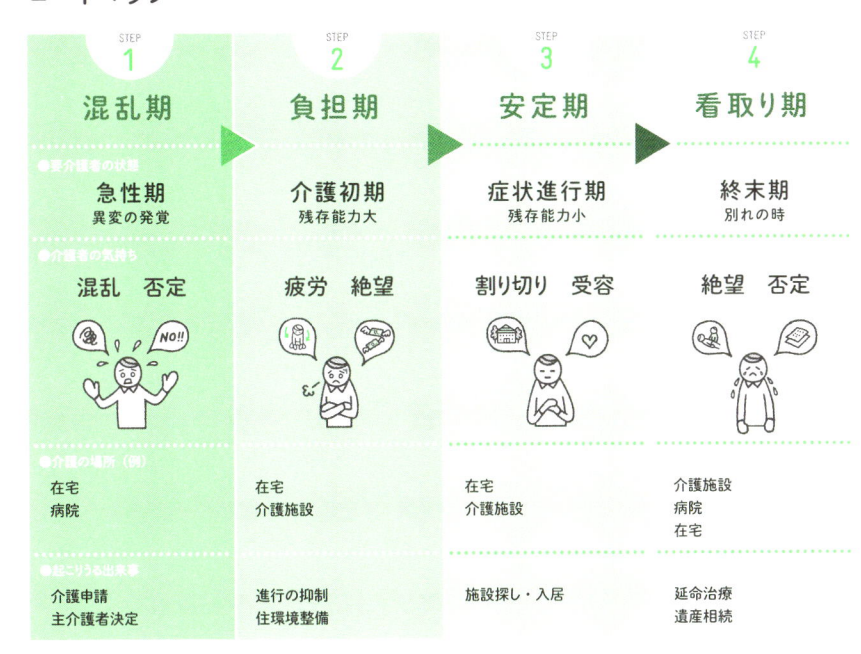

	STEP 1	STEP 2	STEP 3	STEP 4
	混乱期	負担期	安定期	看取り期
●要介護者の状態	急性期 異変の発覚	介護初期 残存能力大	症状進行期 残存能力小	終末期 別れの時
●介護者の気持ち	混乱　否定	疲労　絶望	割り切り　受容	絶望　否定
●介護の場所（例）	在宅 病院	在宅 介護施設	在宅 介護施設	介護施設 病院 在宅
●起こりうる出来事	介護申請 主介護者決定	進行の抑制 住環境整備	施設探し・入居	延命治療 遺産相続

第二条
残っている能力を活かす

できなくなったわけではない。まだできることから考えよう。

できないことを責めても、お互い不幸になるだけ

ロードマップを見ながら、客観的な判断ができるようになったら、次は要介護者の残っている力（残存能力）を見きわめましょう。

要介護者の「できること」「できないこと」を見きわめて、「できること」はやってもらうようにすることです。

たとえば「洗濯」であれば、洗濯機を使うことはできなくても、洗濯ものを干したり、たたんだりすることができれば、「干す／たたむ」という「残存能力」は使ってもらうようにしましょう。

「できること」をやってくれたことに感謝の気持ちを持つことで、要介護者にはとてもよい影響があります。

認知症は、感情に症状が左右される病気です。要介護者が「できなくなったこと」で、**落ち込んでしまうと病気を進行させてしまいます。**

その反対に、できたことに感謝をし、要介護者の存在の大切さを、言葉だけではなく、態度でも伝えることで、効果が生まれます。

頼もしかった親が……という否定の気持ち

しかし、この残存能力の見きわめが、介護者にはなかなか難しいのです。

あんなにしっかりしていた母親が、頼もしかった父親が、頼りなくなった姿は、なかなか受け入れがたく、「否定」の気持ちが心を占めてしまうからです。

そんな時、介護者は、要介護者の**「できないこと」ばかりに目を奪われがちです。**

そんな時は、家庭の外部にいる介護の専門職（ケアマネージャーや介護職員）の視点から、要介護者の「できること」を、客観的に判断してもらうのもよいと思います。

気長に、要介護者が「できること」を見守りながら、家事を分担することは、家族としての大切な時間が増えることになります。

しかし、認知症の要介護者の場合、やがて「できないこと」が少しずつ増えていきます。

そんな時、介護者は、できないことを責めてしまいがちです。

「なんでできないの？」

「なんで忘れてしまうの？」

認知症にありがちな症状を、介護者は容赦なく責めてしまうこともあります。

先に述べた通り**認知症は感情に症状が左右される病気**です。

「要介護を責めたりして、プライドを傷つけてしまう」

家庭介護のガイドブックでは、それは絶対に「やってはいけないこと」とされています。

気持ちを抑えきれないことも認める

そのことは承知のうえで、あえて矛盾したことを言うのですが、私はそれも、仕方がないことなのではないかと思っています。

私は、母親の介護を、4歳の娘の子育てと同時にやっていました。

その時に感じていた複雑な気持ちは、いまでも忘れられません。

娘が言葉を覚えはじめ、私の名前を呼ぶようになってくると、母親はある日突然、言葉が出なくなり、私の名前を呼ぶこともできなくなりました。

娘のオムツがはずれると、今度は母親がオムツをつけるようになる。その母親のオムツ交換を娘は楽しそうに手伝ってくれる。

娘の幼稚園の靴や、体操着にフルネームで名前をすべて書くという作業をしながら、同時に母親の入院のためにパジャマや下着にフルネームで名前を書く。

この前まで、この孫の世話をしていた母親が……。

気持ちの整理がつかないまま、ついつい、母親に**強い口調で「なんでできないの？」と言ってしまった**こともありました。

感謝は、言葉と態度で示す

でも、それが、親子なのだと、私は思います。

「なんでできないの」を**2回ぐらい言いたいところを、1回はガマンするぐらいでよい**と思います。

そしてその一方で、できる限り要介護者の「できること」を見つけて、感謝を、言葉と態度を示してください。

矛盾しているようですが、それが、家族の介護の本来の姿だと思います。

第三条 自分の居場所をつくる

介護だけに向きあっていては、孤独感が強まってしまう。

介護者は引きこもってしまいがち

介護が始まると介護者は、社会から孤立してしまう、といわれます。

介護で忙しくなると、友人たちと会って話をしたりする時間は少なくなるかもしれません。

また要介護者の症状や状態によっては、仕事やパートを辞めて介護に専念せざるをえなくなった人もいるかもしれません。

このような孤立感は、介護者が家庭での生活に引きこもってしまうことから生まれるのでしょう。

家庭のなかにさえ、居場所がない？

ところが、介護が始まると次第に介護者は、家庭のなかでも「自分の居場所がなくなる」気持ちに襲われるようになります。

自分の家庭なのに居場所がなくなる、とはどういうことなのでしょうか。

介護が始まると、介護者、とくに「主たる介護者」になった人は、介護のことで頭がいっぱいになります。

これは当然のことです。多くの人にとって、それは生まれて初めての体験だからです。

家事作業や子育て、仕事もしているのですが、次第にその間も頭のなかを占めてくるのは介護のことばかりになってしまいます。

ところが、介護という事態に直面し、さまざまな問題や困難をかかえて込んでしまっている主たる介護者に対し、家庭内の夫や子どもたち、兄弟姉妹はそれをなかなか共有してくれません。

これも仕方がないことだと思います。

それは、流れている時間が違うからです。

共感が得られず、疲労と絶望が深まる

24時間、介護から意識が離れられない介護者と、周囲

の人とでは別の時間が流れています。

これは、私が学生時代から親しかった友人も同じでした。いままで自分と親しかった家族、友人、職場の仲間が自分の悩みに答えてくれない。

自分の話に共感してくれない。

やがて介護者は孤独感を深め、「疲労」と「絶望」の気持ちに苛まれるようになります。

「自分の居場所がなくなる」――この孤立感を解消するには「自分の居場所をつくる」しかありません。

時間の流れを共有できる人をつくる

では、どこでどうやって「自分の居場所」をつくるのでしょう。

そもそも「自分の居場所」とはなんなのでしょうか。

「自分の居場所」とは、自分と時間の流れを共有できる人とすごす場所のことです。

そこで必要なのは、介護という同じ時間の流れを体験した（している）人と話のできる場所です。

同じ経験をしている人との会話は、介護者の孤立感を解消します。

いま自分がかかえている悩みや疑問にも、共感をもって応えてくれます。

これは、このあとの第八条の「情報と知識を得る」でもお話ししますが、まずはあなたの周辺で、介護の元経験者を探してみることです。

その方たちと話をする機会を、できる限りつくってみましょう。

または、地域に「介護者サロン」があるのなら、訪ねてみることをおすすめします。

介護者サロンとは、介護者同士の情報交換の場として設けられたスペースのことです。

居場所が見つかったという安心感

こういった介護者同士、あるいは元介護者との交流に参加すると、きっと「自分の居場所」が見つかった気持ちが生まれるはずです

自分と同じような体験をした（体験をしている）人たちとめぐりあうことは、不思議なことに気持ちに余裕を生み、自分自身を客観的に振り返る機会にもつながります。

そして何より、同じ流れの時間を共有している人たちと積極的に接点を持つことは、介護者の陥りがちな社会や家族からの孤立感を解消していくのに役立ってくれるはずです。

22 第四条 自分の時間をつくる

1日単位、1週間単位で、まずは、「自分の時間」を書き出してみる。

生活の時間のほとんどが……

介護が始まると、介護者は日々の生活のうち、かなりの時間を介護のために費やすことになります。

とくに自宅で介護する場合では、その時間はばく大なものになります。

もちろん、介護保険サービスを利用し、デイサービスやショートステイなどを活用することで、一定の時間介護から離れることはできます。

レスパイトはどうあるべきか

この時間は、介護者の「レスパイト」にもあてることができるはずです。**レスパイトとは、介護から解放され休息できる時間のこと**です。

しかし実際には、その時間には、家事作業、子育て、仕事などをこなし、さらには介護にかかわる手続きや相談を大急ぎでやることになりがちです。

その間も、介護のことが頭から離れないのです。

要介護者のため、家族のため、仕事のため、ではない、レスパイトのための「自分の時間」がほしい。

では、どうすれば介護者は「自分の時間」をつくることができるのでしょうか。

書くことで、時間を可視化する

まず、自分の1日の時間、1週間の時間、1か月の時間を可視化することをおすすめします。

自分が、介護、家事、子育て、仕事に使っている時間を**1日、1週間、1か月の単位で、基本的なスケジュールにまとめてみましょう。**

そしてそのなかに、1日、1週間、1か月での「自分の時間」を書き込みます。

もしも「自分の時間」がその基本スケジュールのなかに確保できないとしたら、どうしたらいいでしょう。

これは、家族や兄弟姉妹、外部の介護サービスに協力を依頼するしかありません。家族からどのように協力を得るかは、「第六条　家族のできることを可視化する」を参照にしてください。

肉体的・精神的に消耗しない

「自分の時間」は絶対に必要な時間です。

これは介護者にとって必要なだけでなく、要介護者、家族、兄弟姉妹にとっても大事な時間となるからです。

介護はいつ終わるかわからない仕事です。いついつまでに、これをやれば小休止できる、といった目安はありません。

とくに「ロードマップ」上の介護初期の「負担期」に入ると、介護者は肉体的・精神的に消耗し、**介護からすべてリタイアしてしまうような状況に陥ることは決して少なくない**のです。

介護を忘れて趣味に没頭できる？

もうひとつ、介護者に考えてほしいのは、「自分の時間」とは、自分にとってどんな時間かということです。

「レスパイト」という言葉から思い浮かぶのは、介護のことから頭を切り離して、趣味やスポーツ、あるいは寝るなどのことに没頭する時間だろうと思います。

しかし、そのようなことは本当に可能でしょうか。

私の場合は無理でした。

家事や子育てをしていても、介護のことが頭から離れない、ベッドに入って目を閉じても要介護者である親のことが思い浮かぶ。

たとえ**趣味やスポーツなどをしたとしても、介護のことが気になり、かえってストレスとなったかもしれません。**

仕事が、うってつけの息抜きになる

皮肉なことですが、私にとって、介護からのレスパイトになったのが「仕事」の時間でした。

家から外に出て勤務先に行き、そこで仕事をしている間だけは、完全に介護のことを意識から切り離すことができました。

私にとっては「自分の時間」は、仕事をやっている時間だったようです。

しかし、もし私のように寝ても覚めても介護のことが思い浮かんでしまう人で、仕事にさえ逃げ場がないのなら、やはり提案したいのが、第四条でお話しした介護者同士や、介護経験者と交流する時間をつくることです。

同じ体験をしている（したことのある）人と介護について語りあうことは、貴重なレスパイトになるはずです。

23

第五条 置かれている状況を可視化する

わかりきっていることでもいいから、自分に質問をしてみる。

場当たり的な対応から抜け出す

介護が始まったばかりの頃は、次から次へと新しくやることが増えていきます。そのほとんどが、これまでに体験したことのないことです。

介護者になった人は、「混乱」するのが当たり前と考えたほうがいいでしょう。

この「混乱」をそのままにして「負担期（介護初期）」に入ると、さらに肉体的・精神的な消耗はピークに達します。

ますます「自分の置かれている状況」を冷静に客観的に見ることができなくなります。

この「混乱」から抜け出すための、もっともよい方法は「可視化」です。

介護者は、おそらくは、これまで次から次に起こった出来事に場当たり的に対応してきたはずです。

予想もできなかった介護という事態に、時間もお金も必要以上に使っていなかったか？　本当に介護にまつわることすべてを自分ひとりが負担すべきだったのか？　介護をおもに自分が負担するにしても、家族や兄弟姉妹が分担できることはないのか？

「混乱」のあまり、自分がすべてを背負い込んでしまってはいなかったでしょうか。

「可視化」することで、こういったもろもろのことを整理することができます。

どのように可視化するのか

ノートなら見開き2ページあれば、十分です。

左ページに「介護者の状況」

右ページに介護者の「就労状況」をまとめます。

まず、左側のページには、次の質問とその答えを書いてください。

「あなたは主たる介護者ですか」

「介護にかんする協力者はいますか」

「介護について相談できる相手はいますか」

次に、協力者や相談できる人の名前と、あなたとの関係も書いたうえで、彼らの「介護とのかかわり方」をひと言でまとめます。

（身体介護を含む介護全般を担う／主たる介護者の補助／介護にかんするマネジメント／具体的な介護にあまりかかわっていない、など）

次は、右側のページです。

介護者の「就労状況」についての質問と答えをまとめます。

「現在、仕事をしていますか」

（現在就労している人なら）

「どのような就労形態ですか」

（正社員、契約社員、パート・アルバイト、その他）

「あなたの収入は、家計の主な収入源ですか」

「あなたの勤務先で利用できる制度はありますか」

（介護休業、介護休暇、短時間勤務、勤務時間の変更、フレックスタイム、在宅勤務、介護費用補助、相談窓口、など）

「介護と仕事の両立に不安はありますか」

（不安のある人は具体的にその内容を書く）

最低限把握すべきこと

すごく「簡単な」質問のように思えるかもしれません。

「わかりきっていることばかりじゃないか」と思う人もいるでしょう。とくに介護者ではない人から見ると、そう感じるのかもしれません。

ここで私があげた質問項目は、介護者が介護を続けていくうえで、最低限把握していなくてはいけない「自分の置かれている状況」です。

ところが、「混乱」の気持ちのなかにいる**介護者は、この簡単でわかりきっているはずのことを見失っていることが多い**のです。

実際私が、現在介護中の介護者、とくに介護初期にいる方たちと話していると、これらの質問項目にきちんと答えられない人がかなり多いのです。

あるいは、質問に答えている途中に「ハッ」とした表情をする人もいます。

それほど**「自分の置かれている状況」を見失っている**のです。

この「可視化」を進めていくことが、介護者が自分を客観的に見直すきっかけになります。

24

第六条

家族のできることを可視化する

家族の誰が、何をすることができるのか、確認しよう。

介護環境を図にまとめる

「自分の置かれている状況」とともに、可視化しておきたいのが、「介護環境」です。

85ページをご覧ください。この家系図のようなものが、ある一家の「介護環境」を可視化した例です。

これは、私たちが、「介護環境」を可視化するためにジェノグラムをアレンジしたものです。**「ジェノグラム」とは、3世代以上の家族の人間関係を図式化したもので、福祉の専門職などが記録のために作成します。**

ジェノグラムは、あくまで要介護者など「支援を受ける人を中心にしたもの」ですが、私たちの「介護環境」の図は、「主たる介護者を中心としたもの」です。

プレイヤーは誰かを、明確に

それぞれの登場人物のところには、余白が用意されています。

ここに各人の介護に対する状況を記入します。仕事の状況や住んでいる場所、介護へのかかわりを簡潔に表現するようにします。

こうやって「介護環境」を図としてまとめて、可視化することでわかってくることがあります。

まず、介護にかかわる、家族、親族のプレイヤーが明確になります。

主たる介護者は、介護にかかわるプレイヤーは自分ひとりだと思い込みがちです。しかし**介護には、意外に多数のプレイヤーが存在することに気がつくはずです。**

さらに、各プレイヤーの状況から、どの程度、介護を分担できるかも見えてきます。

たとえば、同居していなくても近所に住む正社員の義弟がいれば、土日の介護を担当することを、相談できるはずです。

県外に住む娘がいれば、休暇を利用して帰省し、介護にあたる日を相談する余地もあるかもしれませんまた遠方に住んでいても、姑を介護中の義姉であれば、相談相手としてうってつけの存在になってくれるかもしれません。

また、この図を見れば、**介護経費を、誰にどの程度分担してもらうかというイメージもわいてきます。**たとえば、海外に転勤して住んでいる義理の兄弟姉妹でも、経費の分担者としてプレイヤーに入ってくるはずです。

「できることリスト」の作成

「介護環境」が可視化され、プレイヤーの状況が明確化できたら次の作業です。

家族の日常の「できることリスト」を作成します。

まず、**日常生活で、介護にかかわる作業をすべて書き出してください。**要介護者だけでなく、家族のための家事作業でも、介護にかかわるものは思いつく限りすべて書き出すようにします。

そして次に、その作業に対する担当者を割り振ります。

ここで注意したいのは、できる限り**「主たる介護者」に担当を割り振らないというルールで考えてみる**ことです。

主たる介護者以外の、家族が担当者になれるものは、すべてやってもらうように、いったん考えてみましょう。

買い物や食事など、介護が始まる前から主たる介護者が家事作業として担当していたことは、ついついそのままになりがちですが、これは必ず見直しが必要です。

たとえば、週末や曜日によって、食事づくりは夫や娘や息子ができるとしたら、担当になってもらい、負担してもらいましょう。このリストで、家族のなかで担当者が決まらないものは、外部のサービスが使えるか検討してみることになります。

家族全員がかかわるという意識づけを

この「できることリスト」の狙いは、家族の「できること」を可視化し、主たる介護者が負担する作業を軽減することに狙いがありますが、それだけではありません。

家族全員が「介護のプレイヤーである」という意識を共有できるようになるのです。

この家族の「できること」をリスト化し、**家族の分担が可視化されていくと、不思議なことに、主たる介護者以外の家族の「できること」は次第に増えていきます。**

主たる介護者が、漠然と「介護の担当」だった時には、すべての作業が主たる介護者に降りかかってきます。

ところが、このリストにより、家族に「自分たちも介護のプレイヤーの一員である」という自覚が生まれることで、より積極的なかかわりが生まれてくるのです。

25 第七条 記録を残す

トラブルを回避するだけではなく、のちの心のケアにも役立つ。

あとで精算するから、で大丈夫？

介護では、とても残念なことですが、家族間のトラブルがつきものです。

とくにお金にまつわることが、トラブルになりがちです。その多くは、介護者の（義理を含めた）兄弟姉妹との間で起こります。

介護は、要介護者の生活全般にかかわってきます。したがって、医療費や介護サービスのお金だけではなく、交通費・食費などを含めた細かいさまざまな経費が発生します。

そのお金は、ほぼ介護者側が立て替えることが多いようです。たとえ1回1回は少額であっても、立て替えたお金は、やがて年月をへてまとまると、それなりに大きな金額になります。

ただでさえ忙しいのに加えて、それらは介護者の家庭の経済の大きな負担になり、やがては兄弟姉妹間のトラブルに発展することもめずらしくありません。

「立て替えた」と口で言っても……

介護が終わり、介護者側が、兄弟姉妹に、介護時に立て替えてきたお金を経費として分担してくれるよう求めたとします。

介護を直接担当しなかった兄弟姉妹たちは、ほとんどの場合、介護にかかる経費にかんしては、おそろしく無知です。「すべて介護保険でまかなえるものだ」と思っていることすらあります。

この時、もしも経費の記録がなかったとしたら、どうなるでしょうか。

「あの時にこれだけ立て替えた」と口頭で主張しても、支払ってくれるでしょうか。

兄弟姉妹の関係性によりますが、もめる、と考えて間違いないでしょう。

表立った争いにまでならなかったのなら、まだ幸運です。

いきなり、どんぶり勘定で、「これだけかかりました」と、ある程度まとまった金額が伝えられるのですから、相手の心情もわからないではありません。

しかし、あなたには「全部やってきたのに！」という気持ちも、当然あります。

仲のよかった兄弟姉妹たちが、介護をきっかけに感情のしこりを残したというのは、よく聞く話です。

そのことを、間違いなくいちばん嘆いているのは、旅立っていった要介護者でしょう。

本来なくてもいいトラブルは回避する

そのためには、記録を残すことです。

細かな支払いについては、日々、使用用途・日付を書き、記録に残すことを心がけましょう。

大事な人を亡くして、悲しみも癒えないうちに金銭トラブルに陥るのは悲惨なものです。

あとでご紹介する「介護手帳」や、日記のページなども利用して記録を残し、このトラブルを回避してほしいと思います。

自分自身への癒しの品に

記録をつけることには、もうひとつ、家族のトラブルを回避するだけではない、大きな意味があります。

その**記録は、介護が終わったあとには、要介護者との思い出となる**のです。

私自身は、残念なことに記録を書くことを怠ってしまいました（その後悔もあり、みなさんにおすすめしています）。

しかし、父親は、母親の介護をしていた約4年間、自身が倒れるまで、毎日休むことなく、手帳に日々の介護記録を書いていました。

書きはじめた頃は、母親が何をどれだけ食べたか、薬は何を飲んだか、といった、客観的な事実のみをつづっていました。

そんな淡々とした記録も、1年をすぎると、自身の心情も書きつづるようになりました。

母の介護をしていた父親も亡くなった現在、その**手帳の存在が、たいへんありがたく、思い出の品となり、私自身のグリーフケアとなっています。**

書くことは、自身の気持ちを可視化することができて、気持ちの整理をすることにもつながります。

そして、相談相手が近くにいなかったとしても、自分が書いてきた記録を読み返すことで、これからの人生を、心強く歩んでいけるはずです。

26

第八条 情報と知識を得る

混乱から脱出するためには、まずはいろいろなことを知ること。

未体験のことが次々とやってくる

多くの介護者にとって、介護は、生まれて初めての体験であることが多いと思います。

経験したことのない場面に立ち向かっていくにあたって、必要なものは情報と知識です。

役に立つ情報と知識を得るために、介護者になった人はどうすればよいでしょうか。

具体的には、まずは市区町村の介護保険の窓口に、一度足を運んでみることです。

できれば、実際介護が始まる前に、地域の高齢者福祉行政の受け皿を、知っておく機会をつくることがよいかと思います。

そこで手に入れることができる資料や書類は、もちろん、普通の市民が利用することを想定してつくられているものですが、初心者には、すっと理解できないことがしばしばあります。

また、行政の窓口の職員も、介護者の疑問に、いつも親切にわかりやすく答えてくれるとは限りません。

時には、つっけんどんで「こんなこともわからないのか」と言わんばかりの対応でも、「わからない」ことは「わからない」と主張して、粘り強く尋ねることも必要なことなのです。

経験者の知識を自分に置き換える

もう介護が始まってしまった場合には、身近な介護経験者がいたら、直接、話を聞くことをおすすめします。

また、もし、お住まいの地域に介護の情報交換場所「介護者サロン」があれば、訪ねてみてはいかがでしょうか。

「介護者サロン」では、介護者同士の情報交換や勉強の会が催されています。

介護を経験した人は、よかったことや失敗した体験、その時の気持ちを自分の言葉で話してくれるはずです。

その話を聞きながら、経験者が得てきた知識や情報を、自分の現在進行形の介護に置き換えてみるのもよいことだと思います。

すでにお話ししたように、介護という同じ経験をしている者同士には、共感が生まれやすいものです。**話を聞いているうちに気持ちにも余裕が生まれます。**

生の言葉を聞く機会を大切に

もちろん、さまざまな家庭介護の入門書も出版されていますから、書籍から知識を得ることもできますし、インターネットの環境があれば、コミュニティー・サイトをのぞいてみるのもいいでしょう。

ただし、介護が始まったばかりの頃は「混乱」しています。また孤独にもなりがちです。

その時期に、**孤独にインターネットだけと向きあってしまい、虚実が入り混ざった情報を過多に目にしてしまうと、さらに「混乱」することも**ありえます。

悩みや疑問をかかえ込まず、積極的に経験者や介護者同士から、生きた情報を得る機会をつくりましょう。

リアルな生身の言葉が聞ける機会を、探すことを忘れないようにしてください。

知識と情報を得る手段の比較

市区町村の相談窓口の資料

- 長所　基本的な制度の仕組みやサービスが簡潔にまとめられている
- 短所　どんなにわかりやすく書かれても、「専門用語」が多い

インターネットによる情報

- 長所　最新の情報やサービスに対する評価がわかる
- 短所　介護初心者には、正しい情報か判断できず混乱する

書籍による情報

- 長所　介護にかんする全体像つかめる。詳細な知識が得られる。深い共感が得られる
- 短所　介護初心者には落ち着いて読む時間がない

経験者・元経験者からの情報

- 長所　生きた情報が得られる。孤独が解消される
- 短所　相手を探す時間、会って話す時間が必要

27

第九条 介護者は司令塔だと心得る

家族や介護サービスなどを、「チーム」として考えてみよう。

マネジメントという役割

「主たる介護者は、介護の司令塔である」

これがこの第九条の提言です。

この「司令塔」という言葉は、およそ介護とは似つかわしくないかもしれません。

司令塔とは、スポーツの中継やニュースでよく使われる言葉です。

サッカーではミッドフィルダー。

野球でいえば、捕手。

バレーボールならセッターがそう呼ばれます。

フィールドの上に立つのは、ほかのプレイヤーと同じですが、ひとりの選手でありながら、ほかのプレイヤーたちに指示を出し、ゲームの流れを現場でマネジメントする存在です。

私は**主たる介護者の役割は、このスポーツにおける司令塔の役割に似ている**と考えていますし、そうあるべきだと思います。

もうひとつ高い位置から見る

あなたが、現在、主たる介護者だったとします。

第五条で紹介した「自分の置かれている状況」を可視化する質問のひとつに、あなたの「介護とのかかわり方」について聞くクエスチョンがありました。あなたは、どう答えましたか?

おそらくは「身体介護を含む介護全般を担う」と答えたのではないでしょうか。

もちろん、そう答えても間違いではありません。

しかし、私は、主たる介護者には、もうひとつ高い位置に移ってもらい、「**介護にかんするマネジメント全般を担う**」と答えてほしいのです。

主たる介護者になった人に、このことに気づいていただくために、この第3章があるといってもいいくらいだと思っています。

自分で活躍する前に、人を活かす

介護が始まって、「主たる介護者」になった人は、介護にかかわるすべてのことを自分ひとりで担わなくてはいけないと思い込みがちです。

しかし、それはプロ野球の大谷翔平選手でもできないことだと考えてよいでしょう。

どだい、無理な話なのです。

介護という試合のなかで、あなたは重要なポジションを任されたプレイヤーであることは間違いありません。

しかし、**プレイヤーはあなたひとりではないのです。**

試合とは、もともとあなたひとりでやるべきものではありません。

家族、兄弟姉妹、さらに介護サービス事業者、病院や行政窓口の相談相手など、さまざまなプレイヤーが、介護という試合に参加することで、初めて成立するものなのです。

とくに、家族は、あなたとともに中心選手として活躍してもらわなくてはならない存在です。

主たる介護者となったあなたの「主たる役割」は、司令塔として、この**プレイヤーたちをマネジメントして動かし、介護の流れをつくっていくこと**なのです。

チームプレイでなければ続かない

どんな有能なプレイヤーであっても、できること／できないことはありますし、向き／不向きもあるはずです。

試合のない日も必要ですし、シーズン中に戦列を離れることもあります。

長期的に見て、試合で高いパフォーマンスを上げていくためには、選手の能力を見きわめ、能力に合わせて活かし、そして定期的なレスパイトを取らせることも必要です。

もちろん自分自身が、もっとも重要なプレイヤーであることは間違いありませんが、「司令塔」は、プレイヤーたちをマネジメントしていくことのほうが、むしろ大切になってきます。

実際に「身体介護を含む介護全般を担う」時間は、あなたがいちばん長いかもしれません。

しかし、何より大事なのはチームプレイです。

主たる介護者の個人競技では、介護は続かないことを自覚しましょう。

ひとりのプレイヤーである前に、マネジメントこそ主たる介護者の役割である、と考えられるようになれば、「後悔しない介護」が見えてくるはずです。

28

第十条
介護手帳をつくる

母子手帳のように使える、「介護手帳」を活用しよう。

介護の「成功」とは？

「後悔しない介護」とは、どういうものでしょうか？言い換えれば、この第3章は「後悔なく、介護を成功させるための十か条」ともいえるでしょう。

介護に対して「成功」という言葉を使うのに、少し違和感を感じる方もいるかもしれません。

私は、介護の「成功」とは、介護者と要介護者、そしてその家族が、「家族としてよりよい時間をすごせること」だと考えます。

介護3年以内に多い悲惨な事件

「成功」のために、できる限り回避しなくてはいけないのが、家族内のトラブルです。

しかし、介護にあたっては、家族は必ず大なり小なりトラブルをかかえ込むことはすでに述べました。

もっとも悲惨なケースは、最近メディアで報道されることが多くなった介護殺人です。

介護殺人は、介護が始まってから3年以内に起こることが多いということも、少しずつわかってきています。

もちろん、こういった悲惨なケースにまではいたらないにしろ、介護を通じて家族同士に感情のわだかまりを残してしまうことは少なくありません。

あの時、手帳があったなら

現在、私は、UPTREEというNPO法人で、介護者の居場所をつくる活動を行っています。

そこでは、元介護者の人たちが、自身の経験を語り、現在進行形の介護者たちと話をすることで、つらい立場の人に寄り添ってくれています。

元介護者のみなさんと、介護をやっていた時期を振り返り、「あの時、こういうモノがあったらよかったのに」と考え、アイデアを出しあって、具体的なかたちにしたものが「介護者手帳」*です。

*本書では、UPTREEの製作物を「介護者手帳」と呼び、一般的な記録を「介護手帳」と呼んでいます。

この「介護者手帳」は、第3章で述べてきたことを、実行していくのに役立つツールになっています。

第一条で紹介した「介護ロードマップ」も、もともとはこの手帳に掲載していたものです。

実際に手帳に書いてみよう

UPTREEの「介護者手帳」を入手されてもいいですし、「介護者手帳」をもとに、あなたなりの「介護手帳」をつくって、記録を残すことを強くおすすめします（具体的な記録方法は、80ページより）。

手帳の「1日のスケジュール」「1週間のスケジュール」「1か月のスケジュール」のページでは、自分が使える時間を整理することができるので、「自分の居場所をつくる」（第三条）「自分の時間をつくる」（第四条）ことに役立つはずです。

第五条でお話しした「自分の置かれている状況を可視化」するためには、「介護環境」を図にしましょう。「できることリスト」を使って、「家族の分担を可視化」（第六条）することもできます。

日記形式のページでは、第七条で指摘した介護の経費や、介護者の日々の心情も記録するようにしましょう。

要介護者の「できること」「できないこと」（第二条）や、新たに得た「情報と知識」（第八条）をメモするのも、いいかもしれません。

また、「介護の指令塔」（第九条）として、マネジメントの方針を決定することにも、手帳は役立ちます。

毎日の記録が財産になる

手帳をつけることは、介護に対する家庭内での関係を整えることに役立ちます。

また、兄弟姉妹、介護事業所、病院、行政の窓口へ、現在の介護がどんな状況になっているかを、説明するための雄弁なツールともなります。

そしてこのことは、要介護者を取り巻く環境を変えていくことになるはずです。

また、先にも述べましたが、日々の買い物金額の記録や、要介護者の様子を書き留めることで、介護が終わったあとの、家族とのトラブル回避にも役立ちます。

介護の様子を日々書くことは、介護者の混乱する気持ちを分析することとなり、冷静に介護と向きあうことにつながります。

その時々の心情を書き残すことは、介護が終わったあと、故人との思い出という大切な財産になるので、自分自身のグリーフケアに役立つことになるでしょう。

談する際に便利なツールになります。

初対面のケアマネやホームヘルパー、施設の人など、あるいは医師や看護師、そして市区町村や地域包括支援センターの相談窓口の職員に、これを見せれば、およそ要介護者がどのような状態なのか、すぐに理解してくれるはずです。あなたが苦心惨憺して説明する手間が省けます。

次のページの「介護者の状況」も合わせて見てもらえば、これからどのような制度やサービスを利用するのがいいか、アイデアも出てくるはずです。

（次からのページでも、手帳のフォーマットを使って記入してみてください）

現病既往歴	認知症の診断名 □ アルツハイマー型　□ レビー小体型 □ 前頭側頭型　□ 血管性 □ その他（　　　　　　）	
	現病 □ 心疾患　□ 糖尿病　□ 関節リュウマチ □ 骨粗鬆症　□ その他（　　　　　）	
	主な既往歴	
服用薬		
障害認定	□ なし　□ あり（以下、ありの場合のみ記入）	
	名称	
	番号	期間

介護手帳の使用例①

要介護者の心身の状況をひと目でわかるようにします。

相談のためのツールに

「介護される方の状況」は見開き2ページで作成してください。ひと目で要介護者の心身の状況がわかるようになります。

これは介護者自身が再確認するための作業でもありますが、専門職の人に要介護者のことを相

介護される方の状況

健康保険証番号	

現在の居所	□ 自宅（単身）　□ 自宅（主な介護者と同居） □ 自宅（主な介護者と別居） □ 病院（一般棟）　□ 病院（その他） □ サービス付高齢者住宅　□ 有料老人ホーム □ 特別養護老人ホーム　□ 老人健康保険施設 □ その他（　　　　　　）

日常生活の自立度	意思疎通	□ 可能	□ 一部困難	□ 困難
	食事	□ 自立	□ 一部介助	□ 全介助
	排泄	□ 自立	□ 一部介助	□ 全介助
	移動	□ 自立	□ 一部介助	□ 全介助
	着脱	□ 自立	□ 一部介助	□ 全介助
	入浴	□ 自立	□ 一部介助	□ 全介助
	整容	□ 自立	□ 一部介助	□ 全介助

要介護度	□ 未認定	□ 要支援1	□ 要支援2
	□ 要介護1	□ 要介護2	□ 要介護3
	□ 要介護4	□ 要介護5	
	介護認定日：　年	月	日

❷思いつく名前を書き出しましょう。
❸日常的に気軽に相談できる相手がいますか？
❹自分自身をどうとらえているかを、まずチェックしてみてください。
❺出勤する仕事だけでなく、家庭でする仕事、自宅での営業、在宅勤務なども含まれます。
❻共働きでも、自分だけの収入のみを、チェックしてください。
❼必ず勤務先に問い合わせて調べてみること。
❽「いいえ」の人はいないと思います。だからといって、省略しないでください。「不安」だと自覚することが大切です。必ず自分の言葉で、不安なことを「具体的に」書くこと。

就労状況	❺現在、仕事をしていますか □ はい　□ いいえ
	（以下、現在就労されている方のみ記入） どのような就労形態ですか □ 正社員　□ 契約社員 □ パート・アルバイト □ その他（　　　　）
	❻あなたの収入は、家計の主な収入源ですか □ はい　□ いいえ
	❼あなたの勤務先で利用できる制度はありますか □ 介護休業　□ 介護休暇　□ 短時間勤務 □ 勤務時間の変更　□ フレックスタイム □ 在宅勤務　□ 介護費用補助 □ 相談窓口 □ その他
	❽介護と仕事の両立に不安はありますか □ はい　□ いいえ 具体的に

介護手帳の使用例②

自分の状況を本当に理解していますか?

質問に答えられますか

この見開きは第五条で述べた「自分の置かれている状況を可視化」するためのページです。

簡単に見えて、答えに迷う項目もあるはずです。
❶家族のなかで、介護のためにいちばん時間を使っているのが、主たる介護者です。

介護者の状況

介護者の状況	❶ あなたは主たる介護者ですか □ はい　□ いいえ
	❷ 介護者に関する協力者はいますか □ はい　□ いいえ 協力者の名前（　　　） 協力者とあなたの関係（　　　）
	❸ 介護について相談できる相手はいますか □ はい　□ いいえ
	❹ 介護との関わり方 □ 身体介護を含む介護全般を担う □ 主たる介護者の補助 □ 介護に関するマネジメント □ 具体的な介護にあまり関わっていない □ その他（　　　）

在的に、意外と多くのプレイヤーがいるはずです。

❶ポイントは介護の場所です。要介護者の状態により介護の場所が変わります。それによって家族のかかわり方も変わります。具体的に予定の見える近い未来だけでなく、「終末期」までを見すえて、時間軸を作成します。

❷要介護者、介護者との関係、仕事の状況、介護とのかかわりを簡潔に記します。

❸遠距離にいても、介護のプレイヤーになりえます。短期の介護、介護費用の分担など、介護にかかわることができる可能性があれば書き出します。

❹近所に、すでに介護に携わっている家族がいれば、相談相手には最適です。

介護環境と時間軸　フローチャート

●あなたの時間軸を書き入れてみましょう。

●あなたの介護環境を書き入れてみましょう。

状況：

介護手帳の使用例③

介護のプレイヤーは誰か。すべて整理します。

潜在的なプレイヤーもいる

介護にかんする「時間軸」と「介護環境」を可視化するページです。

「時間軸」はロードマップを参考にしながら作成します。第六条で説明した「介護環境」について、介護にかかわるプレイヤーを明確にします。潜

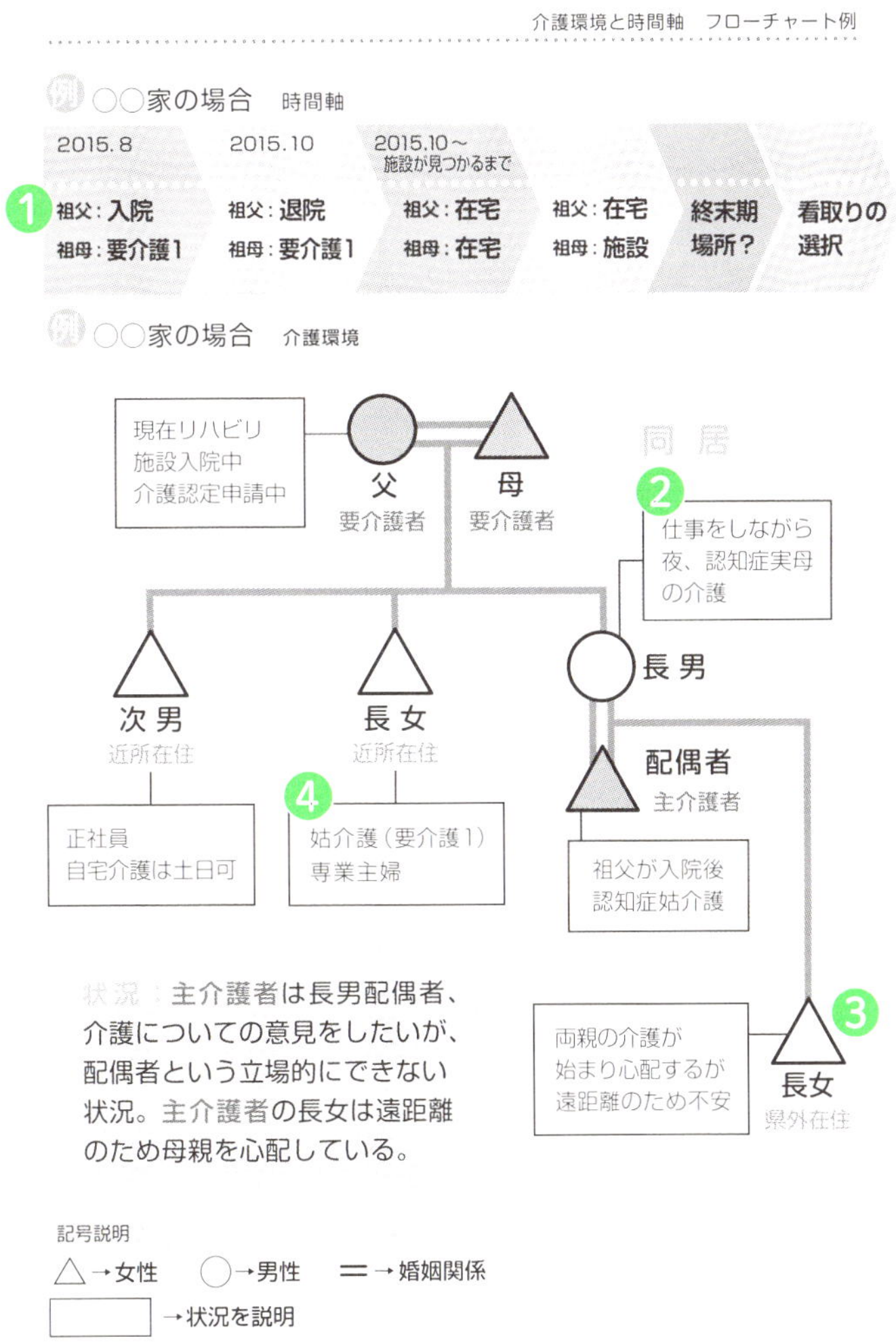

できるだけ主たる介護者の担当を少なくすることです。

❶これまで、主たる介護者が担当してきた家事は、徹底して見直すこと。

❷家族に担当者がいないものは、外部の介護サービスの利用を考えます。

❸同居していない家族も、できるだけ担当してもらいましょう。

❹「介護環境」に出てくる全員が、参加することを明確化します。

（以下のページには、具体的な記入の仕方もサンプルとして載せました。参考にしてください）

できることリスト

できることリストの中で、家族で誰が何を担当できるのか書き入れていきます。空欄部分について、ヘルパー等外部を上手に使いながら、主介護者の負担が大きくなりすぎないよう、割り振っていきましょう。

チェック	日常のできることリスト	担当	チェック	日常のできることリスト	担当
□			□		
□			□		
□			□		
□			□		
□			□		
□			□		
□			□		
□			□		
□			□		
□			□		
□			□		
□			□		
□			□		
□			□		
□			□		
□			□		
□			□		
□			□		

介護手帳の使用例④

介護にかかわることの担当者を決めましょう。

必ず家族全員参加で

「介護環境」の図が作成ができたら、家族の「できることリスト」をつくります。要介護者の介護と、介護にかかわる家事作業を思いつく限り書き出し、家族の分担を決めていきます。ポイントは、

できることリスト

前ページで家族介護の時間軸、関係図を表記したことにより、家族の中で情報を客観的に「見える化」することができたかと思います。次に日常生活の中の介護で「できること」のリストを作りましょう。

例 ○○家の場合

チェック	日常のできることリスト	担当
✓	食事作り　朝	長男配偶者
✓	食事作り　昼	長男配偶者
✓	食事作り　夜	長男配偶者
✓	薬の管理　朝	長男配偶者
✓	薬の管理　昼	長男配偶者
✓	薬の管理　夜	長男配偶者
☐	掃除	
☐	洗濯	
☐	買い物	
✓	病院の付き添い	長男
☐	お風呂介助	
☐	要介護者とのおしゃべり	
☐	散歩付き添い	
☐	デイサービス見送り	
☐		
☐		
☐		

	チェック	日常のできることリスト	担当
	✓	食事作り　朝	花子
1	✓	〃　昼	
	✓	〃　夜	花子
	✓	薬の管理	花子
2	☐	掃除	
	☐	洗濯	
	☐	買い物	
3	✓	通院付き添い	兄
	☐	お風呂介助	
	✓	要介護者とのおしゃべり	夫
	✓	〃	孫
	☐	デイサービスの送り	
	✓	介護の資金計画	兄
4	✓	ねぎらい感謝の言葉かけ	全員
	☐		
	☐		
	☐		
	☐		

れるようにしてください。

もし「自分の時間」を組み入れることができないなら、「できることリスト」の担当を見直しましょう。
❶外部のサービスがかかわるものは、必ず書き込みます。
❷たとえばここに「自分の時間」を組み入れられないかを検討。夫に「娘の迎え」の担当を代わってもらうことはできないか、など考えてみましょう。
❸自分以外の家族が対応する場合は、担当者の名前を書き込みます。
❹必ず「自分の時間」を組み入れます。

1 週間のスケジュール

	(母) デイサービス 11:00-16:00	(私) パート 9:00-15:00
火 Tue	〃	〃
	〃	〃
木 Thu	通院(歯医者) ・9:00-10:00(兄) ❸ ・10:00-12:00(ヘルパーさん)	パートAM
	デイサービス 11:00-16:00	パート 9:00-15:00
土 Sat	〃	〃
日 Sun	自宅(兄)	❹ 休み

介護手帳の使用例⑤

1日・1週間の基本スケジュールを立てましょう。

必ず「自分の時間」を入れる

1日のスケジュール、1週間のスケジュールの基本形を組み立てましょう。自分のスケジュールと、要介護者のスケジュールを対比させるように作成します。

このなかに、定期的に「自分の時間」を組み入

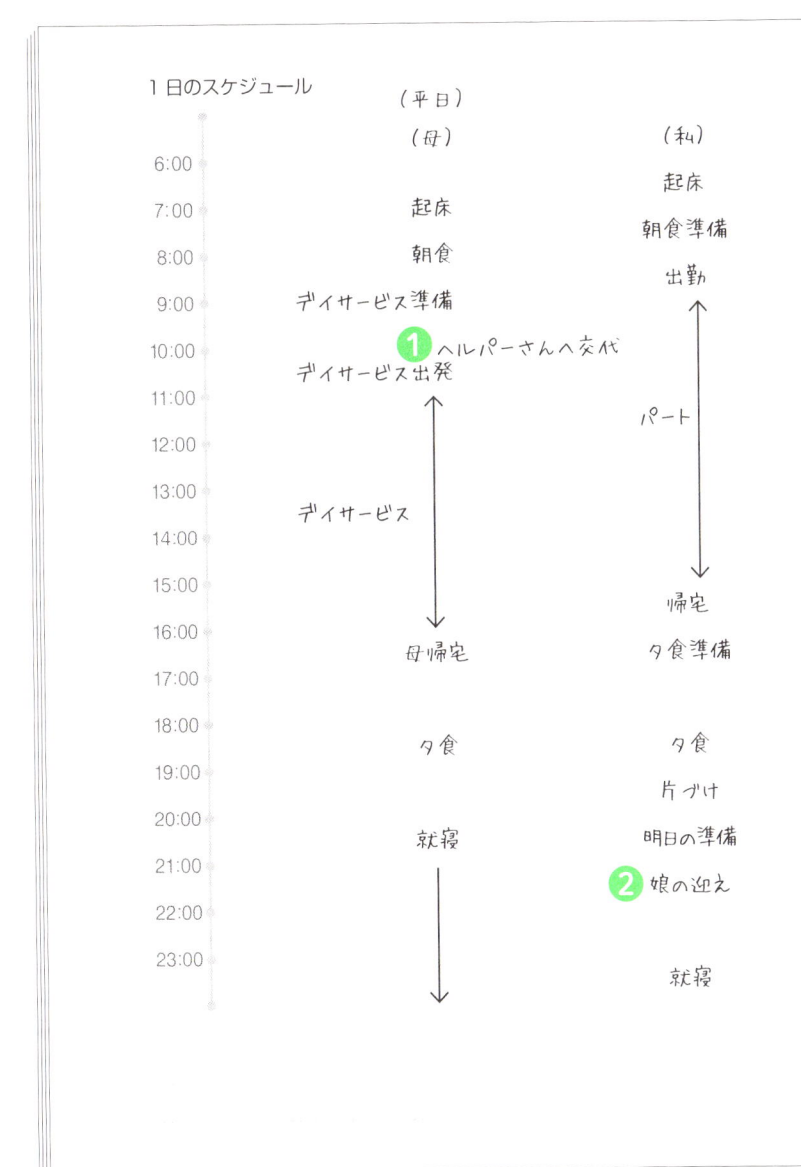

1日のスケジュール

	（平日）（母）	（私）
6:00		
		起床
7:00	起床	
		朝食準備
8:00	朝食	
		出勤
9:00	デイサービス準備	↑
10:00	①ヘルパーさんへ交代	
	デイサービス出発	
11:00	↑	パート
12:00		
13:00		
	デイサービス	
14:00		
15:00		↓
		帰宅
16:00	↓	
	母帰宅	夕食準備
17:00		
18:00		
	夕食	夕食
19:00		
		片づけ
20:00		
	就寝	明日の準備
21:00	↓	
		②娘の迎え
22:00		
23:00		
		就寝

来事」が詳細に記入されています。
一方女性の場合は、自分の心情、要介護者の様子や介護職の言葉に揺れる「気持ち」がつづられていることが多いのです。
どちらがよいとはいえません。男性なら女性的な視点、女性なら男性的な視点を意識して、バランスよく書くとよいでしょう。

❶「要介護者のこと」は、症状なども、あくまで自分の表現で書きましょう。

❷その日の心情は、のちに読み返すことで大切な思い出になります。

❸金銭にかんすることは、女性は意外に大ざっぱに記録します。何を買ったかも書いておきましょう。

❹「できること」「できないこと」に気づいたら、必ず書いておきましょう。

27 年 12 月の記録

日付 12/28

要介護者のこと

体重を計ると45kg。少しやせてきている。
洗濯物たたみを一緒にできた。❹
その後、エプロンをかけ動き出したが、
何をするか忘れてしまい、ウロウロしていた。
そのまま、ベッドへ入る。

介護者自身のこと

ケアマネージャーとの面談。本音を話すと
「共依存ですね」と簡単に言われ、落ちこむ…
そんなことわかっている…　専門職に言われると
余計に腹が立つ。落ち込むわ…　つらい。

今日のやることリスト

- ☑ ケアマネ面談
- ☑ テキスト購入
- ☑ デイサービス日程かくにん
- ☐ キッチンまわり　そうじ
- ☐ ゴミ袋購入
- ☐
- ☐
- ☐
- ☐

・娘の塾　日程かくにん
・確定申告準備しないとー

支出メモ　新聞　3,035円
　　　　　宅急便　820円

介護手帳の使用例⑥
女性が書いた場合

男性と女性とでは記録のつけ方が違う

書き方は男女で対照的

私が、介護者の人たちに手帳を見せてもらい、驚いたことがあります。それは、「男性の介護者」と「女性の介護者」では、記録のつけ方があまりにも対照的なことです。
男性の場合は、薬の服薬、症状や治療内容、食事内容、金銭の使用状況など、実際の「出

※女性　母親介護（50代）　　27 年 12 月の記録

要介護者のこと

日付 12/27

食事のムラ食い
昼夜逆転
日常行動
❶ 1年前と比較するとだいぶ進んできている

介護者自身のこと

❷ 時々意味不明な言葉が入ってくるけど
こちらの話を耳に入れてくれている様子が感じられる
私の心もおだやかになり、でも、もっと昔のように
話したい……もう話せないのかな。
普通の会話が出来た日は、いつだっただろうか…
悲しい、悲しい、つらい、何でだ！

今日のやることリスト

- [x] 換気扇そうじ
- [x] 窓そうじ
- [x] 買い物
- [ ]
- [ ]
- [ ]
- [ ]
- [ ]
- [ ]

・家族受診
・水もれ見積依頼
¥93,430　ギャー！

❸
支出メモ
セブンイレブン　763円
ジャスコ　5,275円

自分の心情も書き留める

❶男性の介護者の場合は、食事内容、水分補給などを詳細に記録することが多いようです。

❷せっかく久しぶりに会話できたのですから、それに対する「自分自身の気持ち」を書き留めてほしいと思います。

❸傾向として、男性は自分自身にかんする記述の量が少なく、ほんのメモ程度になる人が多いようです。

❹介護での出費を細かく記録しているのも、男性介護者の特徴です。

27 年 2 月の記録

要介護者のこと

2/7
日付

・今日も 11 時に家を出る。途中スーパーに寄りゼリーとイチゴとヨーグルトを購入。
病院食は、本日おかゆのみ。ゼリーを１口とイチゴを２ヶ、❶ ヨーグルト１口を食べさせ、お茶を２口飲んでくれた。「今日は何日？」と久しぶりに会話ができた。
❷

介護者自身のこと

・午前中、家の中の清掃。❸

今日のやることリスト

□ 夕食の買い物
□ クリーニング引取り
□ 病院への支払
□
□
□
□
□
□

・市役所へ行き介護保険の手続き更新。

❹

支出メモ
・クリーニング代　1,600 円
・病院支払　123,000 円
・夕食代　3,680 円
・ゼリー、イチゴ、ヨーグルト 698 円
合計　128,978 円

介護手帳の使用例⑦

男性が書いた場合

男性介護者の記録は、食事や出費の記録が詳細。女性は自分の心情表現が豊か。

※男性配偶者介護（70代）　27 年 2 月の記録

要介護者のこと

日付 2/6

・11時に出て、途中スーパーに立ち寄り、ゼリーとプリンを購入、和江の病院へ。
病院食を食べない為、持参のゼリーとプリンとお茶を１口飲ませた。その後、和江は眠りにつき帰宅。

介護者自身のこと

・今日は私の退院　血圧の薬

今日のやることリスト

- □ 和江のパジャマ持参
- □ 薬の引きとり
- □ 通院（自分）
- □
- □
- □
- □
- □
- □

・和江の状態は変わりない

支出メモ

プリン　120 円
ゼリー　200 円
合計　320 円

第3章

知っておくべきこと

＊介護は、自分のことをいかに客観的に見ることができるかが、ポイントです。

＊「できること」「できないこと」を見きわめて「できること」はなるべくやってもらいましょう。それに対して、感謝を言葉と態度で示しましょう。

＊介護経験者と話す機会が「自分の居場所」「自分の時間」になるはずです。役に立つ情報も得られます。

＊「自分の状況」と「家族ができること」を可視化しましょう。協力者が必ず見つかります。記録は必ずつけましょう。トラブル回避に役立ちます。

＊介護はチームプレーです。介護者は、介護の司令塔。ゲームをマネジメントします。

第4章

認知症をもっとよく知る

介護をする人にとって「認知症」は高いハードルです。要介護者がこれまで知っていた人とはすっかり変わっていくからです。その行動や発言に毎日とまどうことばかり。何が起きているのか、これから起こるのか。介護者も要介護者自身も不安は深まっていくばかりです。認知症をもっとよく知ることで、この病気への対応を考えていきましょう。

29 認知症になったらどうするか

認知症イコール徘徊老人？　軽い症状もあれば、完治する病気もあります。

いらだちは日に日に高まる

介護者にとって、要介護者が認知症である時、または介護中に認知症になってしまった時、「否定」や「混乱」、「疲労」や「絶望」の気持ちは、さらに大きく揺れ動くことになります。

なぜなら、認知症は、記憶力や認知能力（理解、判断、論理などの知的機能）が低下するだけでなく、そのことによって社会生活や人間関係が営めなくなる、つまり普通の暮らしができなくなるからです。これはたんに介護に時間がかかるだけでなく、家族の生活にも決定的な変化をもたらします。

認知症患者は約４６２万人

現在、日本には約４６２万人の認知症患者がいるとされています。

代表的な認知症には、アルツハイマー型認知症、脳血管性認知症、レビー小体型認知症、前頭側頭型認知症があります。

それぞれ特徴的な症状があり、症状の進み方も違います。

じつは、**認知症の介護者は、要介護者が「なんの病気がもとで認知症になったのか」正確には知らないケースがあります。**ほとんどの認知症の患者が、専門医の検査を受けていないからです。

ひとつには、とくに初期の場合、**認知症の患者が、自分自身がはっきりと認知症だと知ることを嫌がる、**ということもあるでしょう。専門医の医療に結びつけるのは、かなりハードルが高いことなのです。

症状が穏やかになったり完治するケースも

しかし、原因の病気によって介護や治療も変わりますし、それによって症状を穏やかにすることができます。

また、多くの認知症は残念ながら完治しませんが、慢性硬膜下血腫や正常圧水頭症のように、**外科手術で完治**

する認知症もあります。

また、今後の治療や介護がわかることで、先の見通しも立ちます。終末期の準備をうまく整えることにもつながります。介護のロードマップを考えるうえで、これらは、大切な情報になります。

何より、適切でない薬を服用し続けたり、完治できる病気だったのに、知らなかったばかりに手遅れになるということは避けたいところです。

もし、家庭医がいるのなら、専門医を紹介してもらって、検査を受けることをおすすめします。

主な高齢者の認知症の種類

アルツハイマー型認知症

アルツハイマー型認知症は、いちばん多いとされる認知症です。女性の発症が多く、合併症などを起こすこともあります。

脳血管性認知症

脳血管性認知症は、かつては、アルツハイマー型より多い認知症でした。脳梗塞や脳出血など、脳の広い範囲の障害に起因します。まだら認知や感情失禁が特徴です。

レビー小体型認知症

レビー小体型認知症は、パーキンソン症に似た症状（小刻みなすり足など）があり、初期から幻覚や幻視が見られることが特徴です。

前頭側頭型認知症

前頭側頭型認知症は、頭の前にある前頭葉と横にある側頭葉の委縮によって起こります。感情や欲求が抑えられず、万引きなどの非社会的行為が見られることもあります。

30 認知症を理解する①

認知症の症状は、「中核症状」と「周辺症状」に分かれています。

まったく同じ症状の人はいない

認知症の直接の原因である「脳の細胞が壊れる」ことで起こる症状を「中核症状」といい、これは認知症のすべての人に見られる症状です。中心になるのが、記憶障害、見当識障害、判断力の障害です。

一方、「周辺症状」とは、かつて「問題行動」といわれていたものです。「行動・心理症状：ＢＰＳＤ（Behavioral and Psychological Symptoms of Dementia）」ともよばれています。

介護者や家族、周囲の人たちを、驚かせたり悩ませたりするのが、この周辺症状です。

介護に対する負担感や、ストレスが高まる要因もこの周辺症状にあります。

しかし、この周辺症状は、介護者にとっては理解できなくても、認知症高齢者の立場からすれば、必ずそれなりの理由があってのことなのです。

本人がもともと持ちあわせている性格や、これまで生きてきた生活の歴史、現在置かれている環境が、大きく作用しています。本人の心理や身体の影響もあります。

症状は、ある程度は分類ができますが、複数の症状が重複する人もいるために、ますます多様化します。つまり、人によって症状が異なるので、まったく同じ症状の患者はいないということになり、対応のマニュアル化が難しくなっているのです。

中核症状で困ること

記憶障害が起こる

認知症の症状で、まず出てくる障害が記憶障害です。普通の「物忘れ」なら、記憶の一部が抜け落ちているだけなので、ヒントがあれば思い出すことができることも多いでしょう。

ところが、認知症では、昔のことや、つい最近あった事柄が、**記憶からすっぽりと抜け落ちてしまう**のです。これは、短期記憶障害（記銘力障害）と、長期記憶障害の大きく2種類に分かれます。

見当障害が起こる

日時・場所や、方向などがわからない、また、いまがいつで、自分がどこにいるのかがわからなくなります。知っているはずの人を見ても、どんな人だったか思い出せない、まわりの人間と自分との関係がわからない、といった症状がみられます。

判断力に障害が起こる

物の違いや共通点などがわからなくなります。また、自分の行動が正しいかどうかも判断できなくなっていきます。

　具体的な例としては、買い物に行っても「キャベツと大根の違いがわからない」、帰宅してから「冷蔵庫に洗剤をしまってしまう」といった行動です。

　季節や気候にあわせて服が選べなくなる、お金を払わずに万引きをしてしまう、交通ルールがわからないため、事故にあいやすくなるなどの例もあげられます。

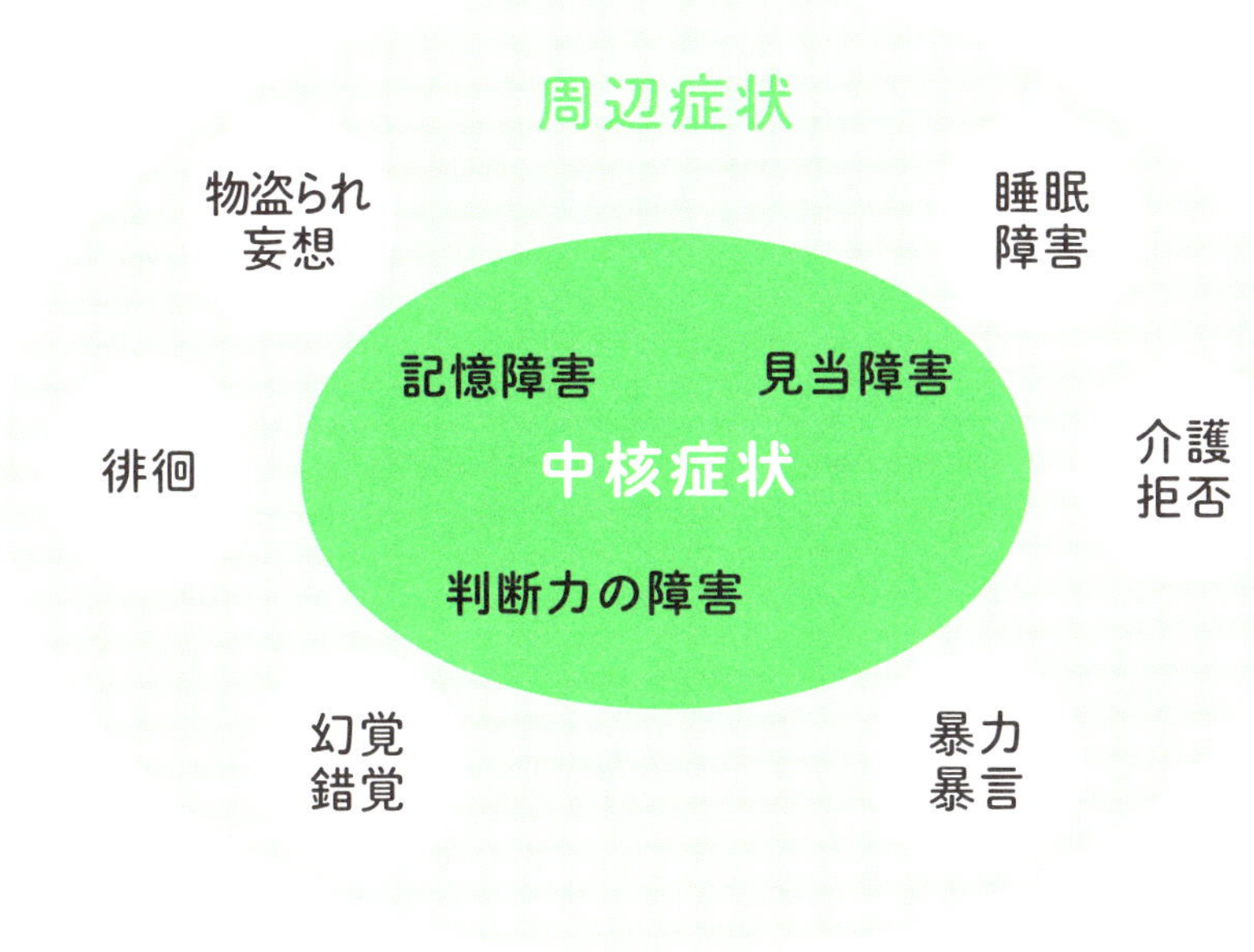

周辺症状で困ること

徘徊（ひとり歩き）をする

自分のいる場所や時間がわからないので、ひとりで歩いてもとの場所に戻って来られなくなる症状を指します。本人が行こうとしている場所に、自力でたどり着くことはまずありません。

さまよい歩いたはてに、脱水や過労で倒れたり、転倒事故や交通事故にあって発見されることもあります。行方不明のまま発見されずにいると、最悪の場合、死亡することもあります。

「物盗られ妄想」が起こる

認知症が進行すると、いつ、どこに、何をしまったかがわからなくなります。さらには、しまい込んだこと自体も忘れてしまいます。

「お金・通帳・貴重品を失くした」と騒ぎ、タンスや引出しのなかを1日中探しまわってしまいます。それでも見つからず、自分は被害者だという気持ちが出てくると、「誰かが盗んだのではないか？」と、一緒に住む家族や介護者に疑いの目を向けるようになります。これが「物盗られ妄想」です。

幻覚や幻聴が起こる

部屋に知らない人がいる、ベッドに電流が流れている、窓から毒ガスが入ってくる……などの幻覚が、すべてリアルに見えたり感じられたりします。介護者にとって必要なことは、それを「いきなり否定しない・肯定もしない」ということです。

暴力・暴言・介護拒否をする

介護に対する不満や不安、いらだちが募ってくると、これまでのように、理性で抑えることができなくなり、暴力・暴言となって現れることがあります。認知症の男性の場合は、標的となった介護者が危険にさらされることもあります。

昼夜逆転が起こる

高齢者になると、一般的に眠りが浅くなります。加えて認知症の人は、睡眠や覚醒などの、体内時計の調節にかかわる神経伝達物質の量が変化することで、眠りが不安定になる傾向があります。夜間の睡眠量が減り、日中は逆に眠ってしまう、昼夜逆転が起きやすくなります。

長谷川式認知症スケール

簡単な認知症の診断テストとして、日本では広く用いられています。
（ただしこれだけでは認知症かどうかの診断ができるものではありません）

質問	採点
①お年はいくつですか。	2歳までの誤差は正解で1点ずつ
②今日は、何年何月何日何曜日ですか。	年、月、日、曜日が正解でそれぞれ1点ずつ
③私たちがいまいるところは「どこ」ですか。	自発的に出れば2点。5秒おいて「家ですか病院ですか？　施設ですか？」のなかから正しい選択をすれば1点
④これから言う3つの言葉を言ってみてください。あとでまた聞きますのでよく覚えておいてください。 1：(a)桜、(b)猫、(c)電車 2：(a)梅、(b)犬、(c)自動車 （質問者は1か2かどちらかを質問する）	各1点
⑤100から7を順番に引いてください。	100－7は？　それからまた7を引くと？　と質問する。正解1回ごとに1点。計2点。最初の答えが不正解の場合、打ち切る
⑥私がこれから言う数字を逆から言ってください。 (6-8-2)(3-5-2-9)	3ケタの逆唱に失敗したら打ち切る。 各くくり1点
⑦先ほど覚えてもらった言葉をもう一度言ってみてください。	自発的に解答があれば2点、解答がない場合、以下のヒントを与え、正解なら1点 (a)植物、(b)動物、(c)乗り物
⑧これから5つの品物を見せます。それを隠しますので何があったか言ってください。	時計、鍵、タバコ、ペン、硬貨など必ず相互に無関係なもの。 正解なら各1点
⑨知っている野菜をできるだけ多く言ってください。	途中で言葉につまり、約10秒待っても出てこない場合は、打ち切る。 5個までは0点、6個＝1点、7個＝2点、8個＝3点、9個＝4点、10個＝5点
判定 ①～⑨の点数を合計する	21～30点は異常なし 20点以下は認知症の疑いがあります

31 認知症を理解する②

アルツハイマー型認知症でも、できることはやってもらおう。

アルツハイマー型認知症

男性よりも女性に多い

認知症のなかでもっとも多く、約半数にもなるといわれています。患者は現在200万人いるとされていますが、今後もさらに患者数が増えていくことが予想されています。

アルツハイマー型認知症の原因については、はっきりとはわかっていません。

患者の脳にアミロイドβたんぱく質が蓄積しているので、それが脳神経細胞の萎縮に関係しているのではないかといわれています。

人によって、症状の進み方はさまざまですが、総じてゆるやかに進行していくところに特徴があります。時には、安定した状態になることもあります。

男性より女性に多く、感染症などの合併症を起こしやすいため、発病後5年以内での死亡率が高いことに注意が必要です。

特徴的な症状は

アルツハイマー型認知症では、同じ話を繰り返したり、物をしまったことを忘れたりする記銘力障害が現れます。次第に、日時や季節、自分のいる場所がわからなくなったり（見当識障害）、料理など一連の流れの作業ができなくなります（遂行機能障害）。

この時点では、まだ比較的人格が保たれますが、「物盗られ妄想」のような周辺症状は起こります。

やがて、さらに記憶障害も進み、失語（言葉がスムーズに出ない）、失行（運動や動作がスムーズにできない）、失認（物が何かわからない。人の顔がわからない）のような症状も出るようになり、やがて筋肉が緊張するなどで歩けなくなり、寝たきりへと進みます。

第三章の「十か条」でもお話ししたことですが、アルツハイマー型認知症、とくに初期の人には、**「できること」はやってもらう。「できないこと」を責めない。**という対応が大切です。

また、**積極的に会話を楽しむこと、起床、食事、就寝など1日の規則正しい生活を送ることが、症状の安定につながります。**

アルツハイマー型認知症への対応

カレンダーやメモなどを利用する

大事な予定や薬の管理は、大きめのカレンダーを使って、本人にわかりやすくする。ドアに「トイレ」と大きく書いたり、ドアノブの回し方なども、大きく貼っておく。

同じ話を繰り返しても怒らない

「その話は聞いた」と言われると、本人は嫌な気持ちになったり、怒られたと感じてしまう。この時、不快な感覚だけが残って、うつ傾向につながることもあるので注意する。

連絡先を身につけ、まわりに協力を求める

名前や連絡先を持たせたり、服に付けたりしておく（小型のGPSも有効）。できれば、近所の人などに、徘徊があることを伝えて協力してもらう。

32 認知症を理解する③

「まだら認知」の脳血管性認知症、幻視があるレビー小体型認知症。

脳血管性認知症

突然起こる感情失禁

脳梗塞や脳出血などが原因で、脳の一部に血液が流れなくなり、神経細胞が死んでしまうことで起こる認知症です。高血圧や動脈硬化、高脂血症、糖尿病、心疾患などの生活習慣病の人には、この認知症のリスクがあります。アルツハイマー型に次ぐ患者数で、60代から70代にかけて発症することが多いようです。また、女性より男性に多いことも知られています。

症状は日によってよくなったり悪くなったりしますし、1日のうちでも変化します。そして、段階的に悪化していきます。

脳の神経細胞の、どこが壊れてしまっているかによって、「できること」と「できないこと」が入り乱れる「まだら認知」とよばれる特徴があります。記憶障害はあるのに、比較的理解力や判断力は保たれています。ちょっとしたことで怒ったり泣いたりする（感情失禁）のも特徴です。

夜になると不安、興奮、幻視、妄想などが起きる夜間せん妄で、別人のようになってしまうこともあります。片麻痺や歩行障害などの運動障害、ろれつがまわらなくなるなど、言語障害をともなうこともあります。

引きこもることで症状が悪化

とくに、運動障害、言語障害をともなうことで、引きこもりがちになります。

生活のなかで活動時間が少なくなってくると、さらに身体の能力も衰え、症状が悪化します。脳血管性認知症の人にもなるべく「できること」をやってもらうことが大切になります。

また、脳梗塞や脳出血の再発予防も重要です。障害により、転びやすい状態なので、段差をなくす、

床に物を置かないなど、家庭内での環境を整えていくことも大事になります。

レビー小体型認知症

本人にははっきり見える幻視

脳全体に「レビー小体」という物質が沈着することで起こる認知症です。

記憶障害は、初期には目立たないこともあります。

症状として特徴的なのは幻視で、初期から見られます。**部屋にはほかに誰もいないはずなのに「小さな女の子が部屋で泣いている」といったように、具体的で、そのことを記憶していることも**あります。

また、レム睡眠障害も多くみられることから、眠りの浅い時に、いろいろな行動を起こしてしまいます。

脳血管性認知症への対応

できる時と、できない時があることを知る

昨日できたことが、今日はできない場合がある。逆に、昨日できなかったことが、今日はできていると「昨日はやる気がなかったのではないか?」と、介護者は思ってしまいがちだが、本人にはどうしようもないことだと理解する。

感情の爆発のタイミングを知る

感情失禁では、いままでニコニコしていたのに急に怒りだすことがある。目をつぶって気分よく日に当たっていたのに、まぶしいだろうとカーテンを閉められた、など、本人には、なんらかの理由があってのことが多いので、どこで感情が切り替わったのか注意しておく。

レビー小体型認知症への対応

幻視は本人には見えていることを否定しない

否定をしても、本人には見えているので、「まわりが嘘をついている」「だまそうとしている」と怒ってしまう。肯定しすぎない程度に話を合わせながら、少しずつ違う話題に変えるなどして注意をそらす。

幻視のもとを排除する

ほかの認知症にはない特徴として、足のすくみや小刻みなすり足という、パーキンソン病のような症状があります。

幻視がある場合は、暗いところで見えやすい傾向があるので、部屋を明るくします。また、**部屋の壁のシミや、飾ってある人形などは幻視につながるので、取り除くようにしましょう。**

本人が、孤独や不安を感じていないか、注意して見ておくことも大切です。

パーキンソン病のような症状があるため、転ぶリスクも高くなります。

脳血管性認知症と同様に、段差をなくす、床に物を置かないなどの対応も大切です。

前頭側頭型認知症

同じ行動を繰り返す「常同行動」

初老期など、比較的若い時期に発症することの多い認知症です。

脳の頭の前にある前頭葉と、横にある側頭葉の委縮によって、認知症が起こります。初期には記憶障害も目立たないことがあり、また日常生活にも、それほど支障がないことがあります。

症状が進むと、性格変化や社会性の喪失（感情や欲求の抑制が効かない、自分勝手なふるまいをする、など）が目立つようになります。**信号無視、店の商品を盗む、勝手に食べる、といった、周囲の人たちに迷惑をかける行動が多くなります。**

同じ行動を繰り返す、同じ言葉を繰り返すという「常同行動」も特徴のひとつです。

初期から中期までは、記憶や視空間認識（顔や物への認識や、物を見つける能力）が維持されます。

生活パターンの維持で安心感を

常同行動がある前頭側頭型認知症の人への対応には、いつもの生活のなかで、**「同じ作業」を「決まった日」に「繰り返す」ことが有効**だといわれています。

外部の介護サービスを利用する際にも、同じ曜日、同じスタッフで、同じ作業を続けてもらうように依頼するとよいでしょう。これを継続して、生活パターンを維持します。

前頭側頭型認知症への対応

常同行動を無理に止めない

同じ行動を繰り返そうとするが、強引にやめさせると怒ったり暴力をふるったりする。危険行為や万引きなどを除いて、できるだけ様子を見る。

食べ物を管理する

同じ物を食べたがり、食欲が旺盛になるので、冷蔵庫をあさったりする行動がある。とくに、味つけの濃いものや甘いものを好むようになり、砂糖をあるだけ食べてしまったというケースも。目につくところに食べ物を置かないようにして、決まった時刻をおやつの時間にするなどして管理をする。

反社会的な行動は家族だけで解決しない

万引きや痴漢行為などを繰り返してしまうことがあるが、本人には悪いということがわからない場合が多い。犯罪行為を未然に防ぐのは、家族の力だけでは、そうとうの負担となるため、ケアマネージャーや地域包括支援センターなどに必ず相談する。

33

認知症ケアのポイント

症状の現れ方は人それぞれだが、共通するポイントはいくつかあります。

ケア次第で、症状を穏やかに

認知症には、中核症状と周辺症状がありますが、介護の負担感を募らせるのは、後者の周辺症状のほうです。

しかしその一方で、周辺症状は、介護者のケアで、状態を穏やかにすることができるといわれています。

周辺症状は、人の個性と同様にそれぞれです。それこそ**認知症の患者の数だけ、症状の現れ方がある**といっても過言ではありません。

したがって、ケアもそれぞれなのですが、それでも、**さまざまな症状に共通するポイントが、いくつかあげられます。**家庭で介護する際に、気をつけたいことを、以下にまとめてみました。

本人を尊重しましょう

認知症では記憶が失われます。しかし、感情やプライドはなくなってはいません。

認知症の人は記憶が失われているのですから、ただでさえ不安になります。介護者が、本人を否定するような言動をして不安にさせたり、プライドを傷つけたりすると、怒りが増すなどして症状はさらに悪化します。

認知症の本人を見守り、現在「できること」「できないこと」を把握しましょう。

そこから、**日常生活を送るうえでの不安材料をリストアップして、「できないこと」を補える環境づくりを心がけていきましょう。**

そして、「できること」はなるべくやってもらいましょう。これは、本人を尊重し、症状を安定させることにもつながります。

なじみの環境で生活を

認知症の人は、新しいことに対応するのが苦手です。ですから、なるべくこれまでと同じ、なじみの場所で、**これまで通りのものを使って、これまで通りの人間関係**

のなかで暮らすのがよいとされています。

しかし、現実的には、認知症になったことで、施設に通ったり入所したり、外部の介護サービスの人が自宅を訪れることも必要になります。不慣れな環境に、どうしてもふれざるをえないでしょう。

その際には、可能であれば、使い慣れた家具を持ち込み、身のまわりの品物、たとえば茶碗やコップや箸などを使えるように工夫をしましょう。

また、外部の介護スタッフも、なるべく安定した人間関係が築けるところを選択しましょう。

認知症ケアのポイント

本人を尊重する

- 記憶はなくしても、感情やプライドはなくなっていない。
- できないことを、責めない。
- できることは、やってもらう。

→症状を安定させることにつながる。

なじみの環境を用意する

- 新しい環境への対応が苦手。
- できるだけ、なじみの場所、なじみの人間関係を用意する。

→使い慣れた家具や、茶碗、箸などが安心感につながる。

行動には意味があることを理解する

- かつての習慣や、過去の記憶をもとに行動している。
- ひとり歩きに出かけてしまった。

→これまでの行動範囲や、行動の動機を振り返ってみる。

- 「ドロボウ」と罵られた。

→本人が、何を、どこに置き忘れたか予測してみる。

行動には意味があることを理解しよう

認知症の要介護者の行動で、とくに周囲の人をとまどわせるのが徘徊（ひとり歩き）です。

知らないうちに外出てしまい、どこに行ったのかわからない。いつまでも帰宅しないので、探しまわったあげく、思わぬ場所で発見される、といった、認知症の人の行動は聞いたことがあるでしょう。

これは、**誰かを探していたり、過去の習慣や記憶を思い出して、「その場所に行こう」としている**のです。

また、介護者に向かって「あなたが盗んだ」と身に覚えのないことを訴えられることもあります。この「物盗られ妄想」は、大事な物をしまってしまい、その置き場所を忘れてしまうことから起こります（「しまったこと」自体を忘れる場合もあります）。

さらにこの時、介護者のことも忘れている場合もあるので、「見知らぬ人が家にいる」、そして「あなたが盗んだ」ということになります。

認知症の人にとっては、**記憶が失われるなかで、残っている過去の習慣や記憶をもとに、精いっぱい合理的に考えたうえでの行動**なのです。

注意すべき時間帯や時期がある

認知症の人は、夕方からそわそわしはじめ、**自宅にいるのに「うちに帰りたい」と言いだす「帰宅願望」を強く訴える**ことがよくあります。

理由を聞いてみると、かつて主婦だった人であれば、「夕食の支度をしなければならない」「子どもが帰ってくる時間です」と答えたりします。現役の主婦だった時代に、タイムスリップしているのでしょう。

本人には、新しい記憶が失われてしまっています。たとえば、新築したり、リフォームしてから何年も年月がたっていたとしても、いまの自宅は「見知らぬ家」なのです。夕方になれば「帰りたい」と思うのも当然でしょう。

男性の場合は、働きざかりの頃に心が戻ってしまっていれば、「やれやれ、やっと仕事が終わる時刻になったぞ」と思い込んで、やはり、夕方には帰宅願望が出る人もいるようです。

季節の変わり目には、認知症の人は、体調を崩しやすく、昨日まで「できていたこと」ができなくなる場合があります。

健康な人でも、季節の変わり目には体調を崩してしまいます。それ以上に、認知症の人は敏感に反応してしまうということを理解しましょう。

FAST

FASTは、アルツハイマー型認知症の症状ステージを、
生活機能の面から分類した観察式の評価尺度です。
ステージ1～7までの7段階に分類されています。

FASTの分類

ステージ		特徴
1	正常	主観的にも客観的にも機能低下は認められない。
2	年齢相応	物の置き忘れや物忘れが起こる。 人名、地名、物品名など思い出せない。
3	境界状態	職場で複雑な仕事ができない。 新しい場所に旅行するのは難しい。
4	軽度	料理の手順を間違える。 金銭の整理、買い物など日常生活での仕事にも支障をきたす。
5	中等度	適切な洋服を選んで着ることができない。 着替えや入浴を嫌がる。自動車の運転は危険。
6	やや高度	・着衣：ひとりで服を着ることができない。 ・入浴：介助が必要。 ・排せつ：トイレの水の流せない。 拭き忘れ、尿・便失禁など。
7	高度	・言語機能：使える言葉が6個以下に低下。 ただひとつの単語しか理解できない。 ・身体機能：歩行や座位の保持ができない。 笑顔がなく、昏迷および昏睡に陥る。

知っておくべきこと

第4章

＊認知症の症状には、中核症状と周辺症状があります。介護に負担感が増えてくるのは、周辺症状です。

＊多くの認知症は完治しません。しかし、ケアや適切な治療で進行を遅らせたり、症状を穏やかにできます。

＊認知症の症状は人によってさまざま。本人の性格や生きてきた歴史、置かれている状況などが反映します。

＊認知症には、アルツハイマー型、脳血管性、レビー小体型、前頭側頭型などがあります。それぞれの特徴を把握しましょう。

＊なるべく早く治療とケアをスタート。専門医で検査するのをおすすめします。

第5章

高齢者トラブルから身を守る

介護には、さまざまな金銭トラブルに見舞われる危険がつきまといます。まして、要介護者が認知症であれば、そのリスクはさらに高まります。ブラックな業者の悪質な手口による消費トラブルだけではなく、家族や親族を巻き込んで、財産をめぐっての争いなど、経済的な損失にとどまらない人間関係のしこりも残します。後悔しないために、トラブルを回避しましょう。

34

高齢者の消費トラブル

だましやすい相手として、要介護者がターゲットにされています。

理解力・判断力の低下につけ込む

高齢者がかかえる課題のひとつに、消費者トラブルがあります。このトラブルは、家族だけで防ぐには限界があります。しかし、地域の人々や各種相談窓口と、できるだけ協力していくことで負担はかなり軽減されます。

「消費者白書」によると、訪問販売での高齢者の消費者トラブルに加えて、最近では電話によるトラブルが増えています。

契約金額や購入額は高額化しており、株や債券の購入などの「投資話」、注文していない健康食品や生鮮品を送りつけたあとに代金を請求する「送りつけ商法」、葬儀やお墓にかんする虚偽契約など、トラブルの内容も多様化しています。

さらには、トラブルにあった高齢者に「解約してあげる」「損を取り戻してあげる」などと、嘘の説明をして金銭を支払わせる「二次被害」も増加しています。

いずれも、加齢による理解力・判断能力の低下や、ひとり暮らしで身近に相談相手がいない生活環境などにつけ込まれて、大切な老後の貯えを失うという例が多く見られます。

本人がだまされたと気づいていない

高齢者の消費者トラブルの特徴として、本人が被害にあっていることになかなか気づかない、あるいは、被害を自覚しても恥ずかしさから誰にも相談しないことなどがあげられます。

そのため、家族などまわりの人がつねに注意深く見守り、声かけをすることが大切です。もし、家族と同居していない場合は、地域包括支援センターや介護の専門職、ご近所の人たちなどに、事情を話して協力をお願いするとよいでしょう。

また、家族が消費者トラブルに巻き込まれてしまったと感じたら、迷わず、すぐに相談するように心がけましよう。相談先としては、地域の消費生活センターや警察署に窓口があります。
　契約書面を受け取った日から8日以内なら、クーリングオフ制度を利用して、無条件で契約を解除することもできます。

　また、契約や購入から日にちがたっていても、**契約時の説明が十分でない、被害者が認知症である、などの場合は、契約が無効に**なります。
　家族だけでかかえ込まないこと、泣き寝入りしないこと、あきらめてしまわないことが何より大切です。

詐欺の手口と対処法の例

高齢者を狙った「健康食品の送りつけ商法」

犯人の手口

ある日突然電話がかかってくる…
犯人：　「以前お申し込みいただいた
　　　　健康食品を今から送ります」
高齢者：「え？そんなの頼んでないけど」
　　　　（申し込んだ覚えがないので断る）
犯人：　「注文を受けたときの録音もある。
　　　　裁判に出してもいいんだよ」
　　　　（強引に言われ、脅される）
後日、商品とともに現金書留封筒が送られてくる。
そして再び電話が…
犯人：　「受け取ったんだから代金を郵送しろ」
　　　　（脅すような口調で代金を郵送するように
　　　　指示される）

対処法

- 申し込んだ覚えもなく、
購入するつもりがなければきっぱりと断ってください。
- 断ったにもかかわらず一方的に送りつけられた
場合、商品の受け取りを拒否してください。
- 万が一商品を受け取ってしまっても、
商品を受け取った日から14日間
（商品の引取りを請求した場合は7日間）が
経過した後は自由に処分することができます。

（政府公報オンライン
「高齢者詐欺・トラブル予防は、みんなが主役！」より）

35 実際の高齢者の消費トラブル事件簿

トラブルが発覚したことで、はじめて認知症に気づくこともあります。

介護者からの相談

私は、介護者のみなさんから、さまざまな相談を受けています。そのなかで、親が「お金を貸してくれないか？」と言いだしたことで、はじめて「認知症ではないか？」と気づくきっかけになった――そういう話をよく聞きました。また、「貸して」と言われた時には、すでに消費トラブルに巻き込まれてしまっている場合があります。

典型的な事例をご紹介します。

なぜ、隣の家から電話を？

ある日、実家の母親が、隣のお宅から長女に電話をかけてきました。

「お金の都合をつけてくれない？」

実家には固定電話があるはずなのに、なぜわざわざ隣で電話を借りて連絡してきたのか、少し驚いたそうです。

また、金銭にはしっかりしていた母親が、「お金の都合をつけてくれないか？」とはどういうことなのか……。

その場では返事をせず、急いで実家に帰省をして母親に事情を聞いたそうです。

隣の家から電話をしたのは、電話をかける方法がわからなくなったから、隣の家の人にかけてもらったとのことでした。

なぜお金が要るのかというと、「屋根の修理をしたほうがいい」という訪問営業があって、それが、「1回では工事が終わらない」と言いだしたために、もう何度も工事をしているらしいのです。

娘に心配をかけたくない

これはおかしいと思い、家のなかを調べてみると、たくさんの工事代の請求書が出てきました。

通帳を見ると、預金はすっかりおろしてあります。

あわてて、業者に連絡して、工事を中止し、請求を撤回するように手続きをしましたが、すべてはキャンセル

高齢者詐欺の最新の手口

手口の種類		使用される言葉など
落とし物詐欺（オレオレ詐欺）	▶	「会社のカバンを落としてしまった」
上京型の手口（オレオレ詐欺）	▶	「悪いけど東京まで持って来て欲しい」
お迎え・誘い出しの手口（オレオレ詐欺）	▶	「家までタクシーを迎えに行かせます」
現金の“振り込み型”から“送付型”へ	▶	「レターパックで送って」 「宅急便で送って」
還付金詐欺	▶	「戻ってくるお金があるのでATMへ行ってください」
追い込み型の手口	▶	次々とかかってくる脅しのような電話に 心理的に追い込まれてしまう手口
宝くじ当選番号の手口	▶	「情報料を払えば宝くじロト6の番号を教えます」
オリンピック詐欺	▶	「オリンピック記念硬貨を限定プレゼントします」
電子ギフト券詐欺	▶	電子ギフト券を購入する詐欺

（政府公報オンライン「高齢者詐欺・トラブル予防は、みんなが主役！」より）

できなかったそうです。

その後、母親は認知症の症状が悪化していきました。玄関には何枚もの見慣れないシールが貼られており、業者はそれを、契約を結ぶごとに貼っていたようです。それを目印にして、また、ほかの悪質業者が訪問営業をしていたのです。

母親には日記を書く習慣があり、その時期の日付には「毎月の請求書が来るが、契約をしたことを覚えていない、お金もなくなっている。**自分の頭がおかしくなっている気がする。とても不安だが、娘には、心配をかけてしまうから、相談をすることができない**」と記されていました。

この出来事をきっかけに、遠距離での介護が始まったそうです。

帰省や電話でトラブルを回避

離れて住んでいる親とは、年に数回しか会わないこともあります。これでは、認知症の発見も遅くなり、トラブルに巻き込まれる大きな要因になります。

親が高齢になったら、できるだけ実家に戻る機会を増やしましょう。また、頻繁に電話もしたいものです。親の様子に変化がないかをたしかめて、ご近所からも情報を得ることが、トラブルの予防につながります。

36 成年後見制度とは

認知症の人をトラブルから守る。反面、トラブルの原因になることも。

財産を守ってくれるサポーター

「成年後見制度」は、認知症の人など、判断能力が低下した人のトラブルを回避するための法律的な仕組みです。後見人は、認知症等の人の財産の管理や、病院への入院、施設への入所などの手続きなど、法律的な行為を支えます。

この成年後見制度には、「法定後見」制度と「任意後見」制度があります。

「法定後見」制度は、判断能力が低下したあとに、家族などが「申し立て」して、家庭裁判所が成年後見人などを選び、始まります。

家族だけがなるわけではない

成年後見人などにはいくつか種別があり、本人が、日常の買い物もできないほど判断能力がなくなってしまった場合には、「成年後見人」が選ばれます。

また、買い物などはできるが、不動産売買など法律的に重要なことは難しい場合には、「保佐人」が選ばれます。

だいたいのことはできるけれども、重要な取り引きには本人ひとりでは不安がある場合は、「補助人」が選ばれることになります。

この成年後見人には、「申し立て」した人が選ばれるとは限りません。弁護士や行政書士など、専門職が選ばれることもありますが、一般には、子などの家族・親族になることが多いようです。

「任意後見」制度は、本人の判断能力が十分なうちに、あらかじめ任意後見受任者と契約を結び、判断能力が不十分な状況になった時に備えるものです。

弁護士による使い込み

成年後見制度は、認知症などになった人をトラブルから守るための仕組みです。

ところが、最近この制度をめぐってのトラブルがニュースになっています。

日本経済新聞（２０１７年1月17日）の報道によれば、２０１５年の「後見制度を巡る不正は５２１件、被害総額は約30億円」にものぼるそうです。

大半は親族によるものですが、弁護士や司法書士のような専門職によるものも頻発しているようです。

２０１６年には、東京地裁の判決で、**高齢者の成年後見人を務めていた元弁護士に懲役６年の判決が下されました。**この元弁護士は、法定後見のふたりと任意後見のひとりの口座から預金約1億１，２００万円を引きだして使い込んだそうです。

後見人を見張る仕組みも

成年後見人の不正を防ぐには、「成年後見監督人」という仕組みもあるのですが、日本経済新聞では「後見される人の増加がより見込まれ、不正防止のために監督人を選ぶのは人材的にも限界があり、根本的解決にはならない」という意見（新井誠・中央大教授）が紹介され、**成年後見人などを見守る地域ネットワークをつくっていくことが必要**だとされています。

認知症の要介護者をかかえる家族は、成年後見人に任せきりにせずに、家族や兄弟姉妹を交えて、話しあいの場を、できるだけつくることが大切になってきます。

なお、民間の社会福祉協議会では、認知症などで判断力が十分でない高齢者のために、日常生活自立支援事業を行なっています。

介護サービスの申し込み、手続き、預金の出し入れや、預金通帳の保管などをサポートしています。

法定後見制度の利用の流れ

家庭裁判所に申し立て

↓

審　判

↓

選　任
成年後見人、保佐人、補助人が選ばれる

↓

開　始

↓

成年後見監督人の選任
必要に応じて選ばれる

37

遺言と相続について考える

生前からしっかり話しあっておくことが、トラブルの回避になります。

わだかまりを残さないために

「うちの兄弟姉妹は仲がいいから大丈夫」
「複雑な血縁関係などありません」
「親にはたいした財産などないから、もめごとはないはず」
――しかし、兄弟姉妹がいくら「仲がよく」ても、「複雑な血縁関係」がなくても、「ばく大な遺産」がなくても、現実には、「遺言」「相続」をめぐってトラブルは起こります。

遺言はあっても不満は消えない

たとえば、兄弟姉妹のなかで、長男の一家が親と同居し、終末期まで長い間、自宅での介護をし、その介護にまつわる経済的な出費まで負担していたとします。ほかの弟や妹は、別居していて、介護には直接タッチしていません。

長男からすれば、親と長い間同居し、妻にも長い間、介護でつらい思いをさせてしまった。介護での経済的な負担もしてきた。当然、遺産の多くを相続したいという思いがあります。

しかし、法律上の相続では、3人の兄弟姉妹であれば（本人の配偶者がすでに亡くなっていれば）遺産の相続は1／3ずつになります。

長男は、わりきれない思いをいだくでしょう。

また「遺言」があって、その長男に多くの遺産が相続されることになったとします。

しかし、本来は法律上1／3ずつの相続になるはず、という気持ちがあるので、弟や妹はその「遺言」の内容に不満をいだきます。

「親は認知症だった。遺言を残した時点で、そんな判断をする能力があったのだろうか」

そういった思いや疑念は、トラブルに発展し、裁判になることもあります。またそうでなくても、兄弟姉妹で人間関係のしこりが残ることもあります。

本人の意思だと明確に

遺産の相続では、**遺言がない場合には「法定相続」となり、法律にしたがって相続する**割合が決まります。

もし、遺言書があれば、法定相続とは違った割合で相続をすることができます。

遺言書にはおもなものに「自筆証書遺言」と「公正証書遺言」があります。

普通方式遺言

自筆証書遺言	特徴	本人が全文を自書し、押印する。
	長所	遺言の内容を秘密にしておくことができ、内容の変更も簡単で、費用もかからない。
	短所	偽造・改ざんや、紛失のおそれがある。
公正証書遺言	特徴	証人の立ち会いのもと、本人が公証人に口授し、筆記の正確なことを認めたら各自署名押印する。
	長所	紛失や改ざんのおそれがない。
	短所	遺言内容が、公証人や証人に知られる。

「自筆証書遺言」は、本人が手書きで遺言書を書き、日付を記入、押印するものです。

「公正証書遺言」は、本人から聞いた内容にしたがって、公証人がつくります。

「公正証書遺言」のほうが、家族トラブルを避けるためにはよいとされています。

問題になるのは、本人が認知症だった場合です。

遺言を書いた時点で、判断能力が十分にあったかどうかを明確にしておくためには、**遺言書を書いた時点で医師の診断書をもらう、あるいは医師の立ち合いのもとに遺言書を作成する**、などの方法もあるようです。

生前だからこそできる話しあい

遺言は、本来は遺族のためを思って残されるものです。

これは、成年後見制度にもいえることですが、**法律は、あくまでも本人の意思をサポートする仕組みにすぎません。**

それだけでは、すべてのトラブルを避けることはできないのです。

大切なのは、本人の意思です。**本人の断能力のあるうちに、本人と、家族や親族で話しあって、合意して、それをきちんとまとめておくこと**が、もっとも有効な対策となります。

38 高齢者への虐待

愛情から始まった介護が、いつの間にか攻撃の的になってしまう。

虐待のほとんどが介護者によるもの

高齢者への虐待は、家族が介護する場合、もっとも悲劇的な事態だといえます。

虐待するのが、介護者自身であることが多いからです。

厚生労働省の調査によれば、「養護者による高齢者の虐待」は、平成26年度は1万5，739件にのぼります。「養介護施設従業者による虐待」は300件です。

このデータでもわかるように、虐待のほとんどが、介護者によるものだと考えてよいでしょう。

介護は家族への愛情から始まります。

虐待をしてしまった介護者も、最初から虐待をしようと思っていたケースは少ないと思います。

介護を始めた時には、**「まさか、私が」虐待することになろうとは、思いもよらなかった**はずです。

しかしそれが虐待をしてしまう。

その可能性は、すべての介護者にあります。

危険な時期は介護の初期

虐待してしまう要因は、私がこれまで繰り返し述べてきたように、介護者に介護についての知識や情報がなく、社会や家族から孤立してしまうことだといわれています。

また、**虐待されるのは認知症の人が圧倒的に多い**とされています。

とくに危険な時期は、介護の「ロードマップ」でいえば、「介護初期」つまり「負担期」にあたる時期です。

「この先いつまでこの介護が続くのか、先が見えない」

「認知症で、親がまるで別人のようになってしまった」

「家族や職場の人たちが介護について理解してくれない」

そういった思いが、やがて介護者を追い詰めていきます。

介護者であるあなた自身が、このような気持ちにとらわれてしまわないためには、**「身のまわりの人間に助けを求めること」**「同じ介護経験者に相談すること」が大事なのです。

施設での虐待が疑われたら

最近では、介護施設での虐待も増えています。

この場合は、「身体拘束」のような身体的な虐待が多いようです。

定期的に施設を訪れ、様子に変わりがないか確認し、介護にあたっている職員の人たちと顔なじみになっておくことが大切です。

もし、虐待が疑われる事実が見つかったら、相談の窓口は市区町村や地域包括支援センターになります。

高齢者虐待の種別の割合

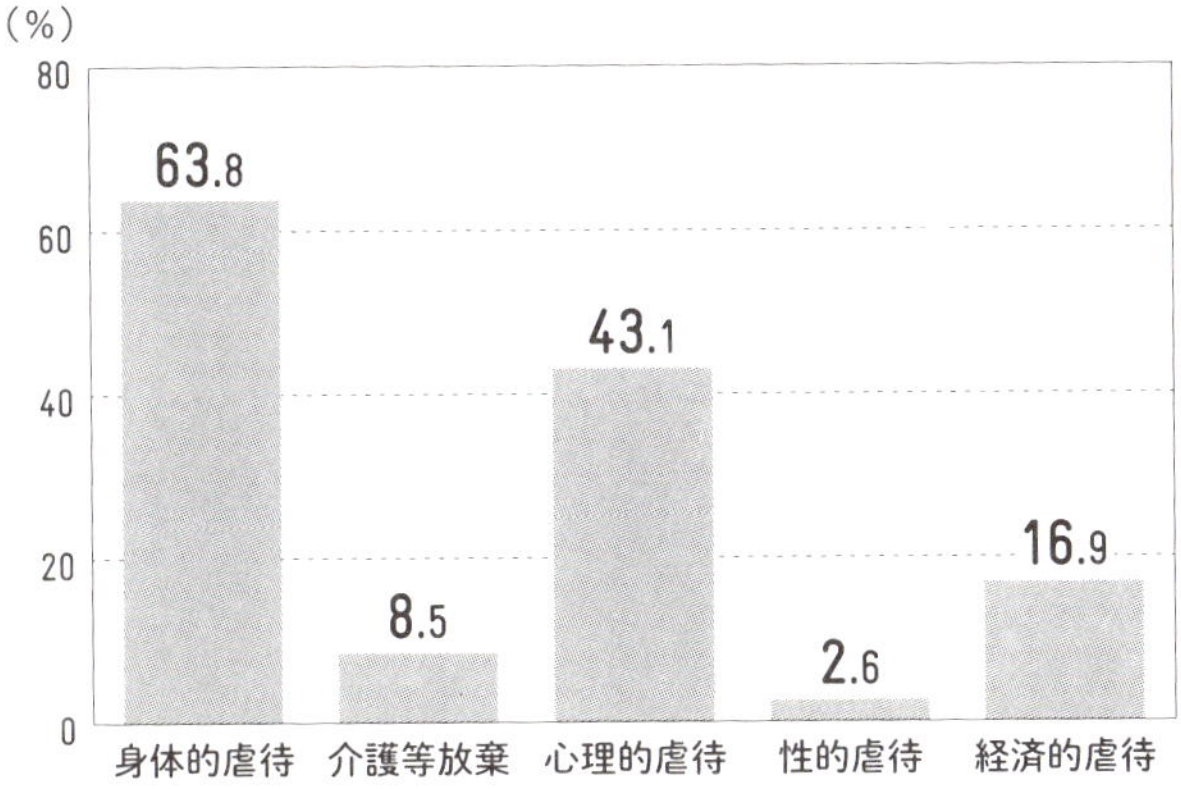

※被虐待高齢者が特定できなかった13件を除く287件における被虐待高齢者の総数691人において、被虐待高齢者ごとの虐待種別を複数回答形式で集計

被虐待高齢者からみた虐待者の続柄

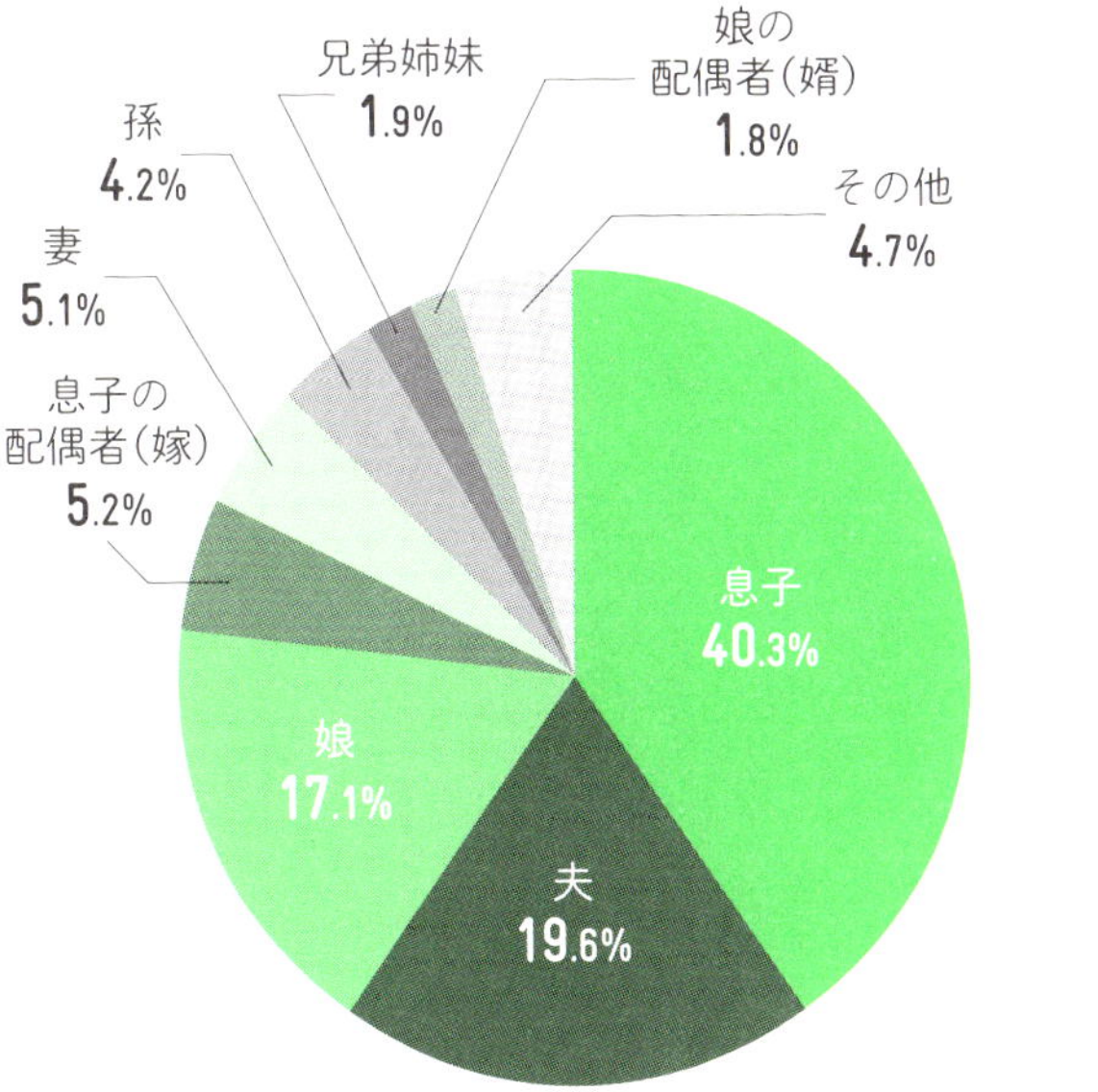

(「高齢者虐待の防止、高齢者の養護者に対する支援等に関する法律」に基づき、平成26年度の高齢者虐待の対応状況等を把握するための調査(厚生労働省))

知っておくべきこと

第5章

＊高齢者の消費トラブルは、発見するのが遅れます。本人に自覚がないことや、恥ずかしくて相談しないのが原因です。

＊消費トラブルで認知症だとわかることもあります。離れて暮らす場合は、頻繁に電話したり、できる限り帰省しましょう。

＊成年後見制度は、高齢者のトラブルを回避する制度です。しかし、その制度によってトラブルも発生しています。

＊遺言は、高齢者が亡くなったあとのトラブルを避ける仕組みです。しかし、それが原因でトラブルに発展することもあります。

＊大事なことは、本人に判断能力があるうちに家族や親族で話しあう機会を持つことです。

第6章

看取りと葬儀に必要なこと

いよいよ終末期です。見えてきた介護のゴールは、大切な人との別れの時でもあります。あまりにもつらい現実ですが、その時間をどうすごすかが、「後悔しない」介護の大きなポイントになります。要介護者を失ったあと、残された介護者は、やり場のない悲しみをどう受け止めればいいのか。本当のゴールは、この悲しみが癒される時なのかもしれません。

39

看取りの時間を大切に

終末期までに、本人に「どうしたいのか」を確認しておきましょう。

その医療を本人は希望しているか

日本では、8割近くの人が病院で亡くなっています。ホスピスや緩和ケア病棟の登場により、終末期医療のあり方は大きく変わったといわれています。

最近では、人生の最期にある人の「心や身体の痛みを和らげること」に、重点が置かれた対応も取られるようになりました。

しかし、「どんなかたちでも、生きていてほしい」という家族の希望から、認知症末期の人に、過剰な医療、介護が行われている事実もまだ多くあります。

口から食べることができなくなってから、経管栄養、胃ろうなどの、延命治療を行うこともありますが、はたしてそのような状態で生きることが要介護者の希望することなのでしょうか。

あらかじめ本人に確認しておきたい延命治療としては、次のようなものがあります。

①輸液：いわゆる点滴。
②中心静脈栄養：食事がとれなくなった患者に、心臓近くの太い静脈に直接カテーテル（チューブ）で栄養剤を入れる。
③経管栄養（胃ろうを含む）：食事がとれなくなった患者の胃や腸に直接カテーテルで栄養剤を入れる。
④昇圧剤の投与：急激な低血圧に対して血圧を上げる薬剤を投与する。
⑤（心肺停止時の）蘇生術：心臓マッサージ、気管挿入や高濃度酸素・薬剤の使用など。
⑥人工呼吸器：人工呼吸のための医療機器の使用。
⑦その他：血液透析やペースメーカーなど。
（公益社団法人全日本病院協会の「終末期医療のガイドライン」より）

話しあうタイミングを意識する

左ページには、終末期までに考えるポイントをまとめました。

考えるべきポイント

- 要介護者が正常な判断ができなくなった時、代わりに誰が判断をするか。
- 病名・病状の告知をするか。
- 延命治療を望むか、それともできるだけ自然な状態で死にたいか。
- 誰に、どのような場所（自宅・病院など）で看取ってほしいか。

終末期医療における希望事項

終末期医療に関するガイドライン
〜よりよい終末期を迎えるために〜

終末期医療における意思表明（リヴィング・ウイル）

私は、下記の医療行為について、以下のように希望します。なお、この希望はいつでも撤回し、または変更することができます。撤回、変更は、同様の書面、あるいは時間的な猶予がない場合には口頭で行います。

①輸液　（1）希望する　（2）希望しない　（3）わからない

②中心静脈栄養　（1）希望する　（2）希望しない　（3）わからない

③経管栄養（胃瘻を含む）
（1）希望する　（2）希望しない　（3）わからない

④昇圧剤の投与　（1）希望する　（2）希望しない　（3）わからない

⑤（心肺停止時の）蘇生術
（1）希望する　（2）希望しない　（3）わからない

⑥人工呼吸器　（1）希望する　（2）希望しない　（3）わからない

⑦その他（具体的に：　　　　　　　　　　　　　）

このほかの事柄については、以下の方を代弁者（代理人）として、その方の判断に委ねます。

代弁者氏名（続柄）

年　　月　　日

氏名

（平成28年11月公益社団法人　全日本病院協会）

ただし、すでに認知症の場合、本人に判断できる能力がなくなっていたら、「この考えるべきポイント」を要介護者に確認することはできません。

聞き出すタイミングが難しいかもしれませんが、**要介護者に判断力のあるうちに、この意思を記録した書面を作成しておく**ことは、後々の介護者の負担を軽減させることにもなります。

そして、この内容について、家族・兄弟姉妹とも合意をとっておくことが大切です。これは遺言書と同じくらい重要な手続きといえるでしょう。

まだ健康だから、まだ元気でしっかりしているからと、貴重な時間をただすごしてしまうのではなく、終末期を意識して、考えるべきことを先延ばしにしないことが、後悔しない介護につながるのです。

兄弟姉妹が駆けつけて……

高齢者が認知症になると、介護者はますます日々翻弄されます。しかし、そんな状況のなかでも、家族が意識すべきなのは、「終末期がいちばん大事な時間だ」ということなのです。

「延命処置を続けるか、やめるか」という判断は、介護者にたいへんな精神的重圧を与えます。本人に「どうしたい？」と聞こうにも、要介護者に判断能力がなくなった場合は、介護者に判断がゆだねられます。

人の命の残りの時間を決断しなくてはならないことは、はかり知れないストレスになります。

どうしても、「別の方法がよかったのではないか」と悔やまれてしまい、要介護者の死後に、心の傷になることもあるでしょう。

また、主たる介護者が、医師の説明を十分に聞き、つらい決断のすえ、延命治療を中止することにしたとします。まさにそのタイミングで、それを聞きつけた兄弟姉妹が駆けつけて**「延命治療をやめるなんてとんでもない、とにかく生かしてください！」と、卓袱台返しをするこ**とは、よくあるケースです。

残りの時間をよりよい時間に

遠くに住んでいる兄弟姉妹にとっては、「どんなかたちでも生きていてほしい」という願いがありますし、主たる介護者は「毎日つらそうにしている本人が可哀想だ」という経験の積み重ねがあります。

どちらも、親を思ってのことなのですが、ぶつかりあえば、悲しいトラブルに発展してしまうのです。

できる限り、介護が始まった初期に、要介護者の意思、すわなち「リヴィング・ウイル」を確認することが、家族にとって、限りある大切な時間をよりよくすごすことにつながります。

看取りの時は必ず訪れます。トラブルもなく、後悔もしない、**本当に看取ることだけに集中できる時間にしたい**ものです。

終末期医療の意識調査

延命治療について

治る見込みがなく死期が迫っている（6ヶ月程度あるいはそれより短い期間を想定）と告げられた場合の延命治療

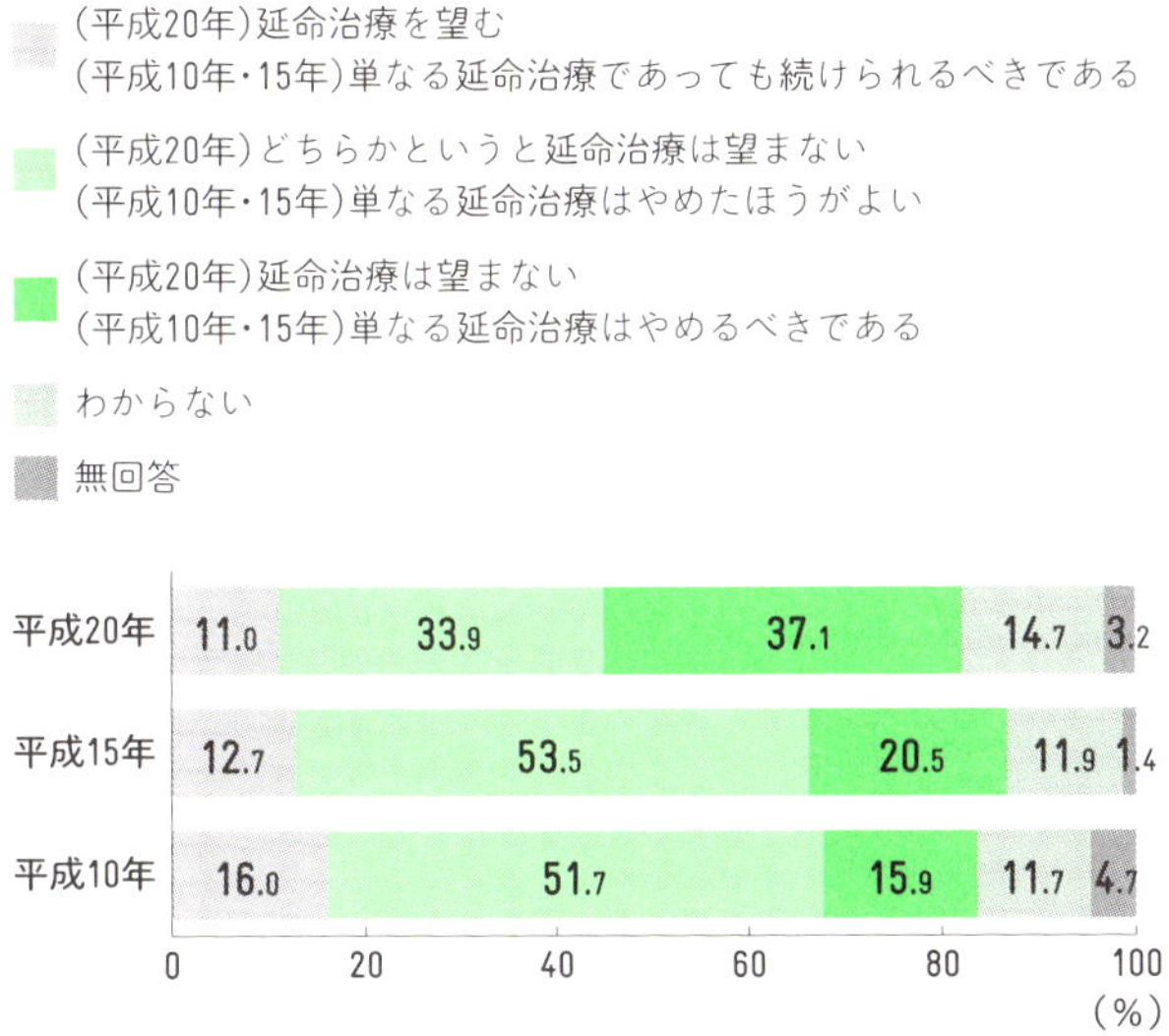

中止する治療内容

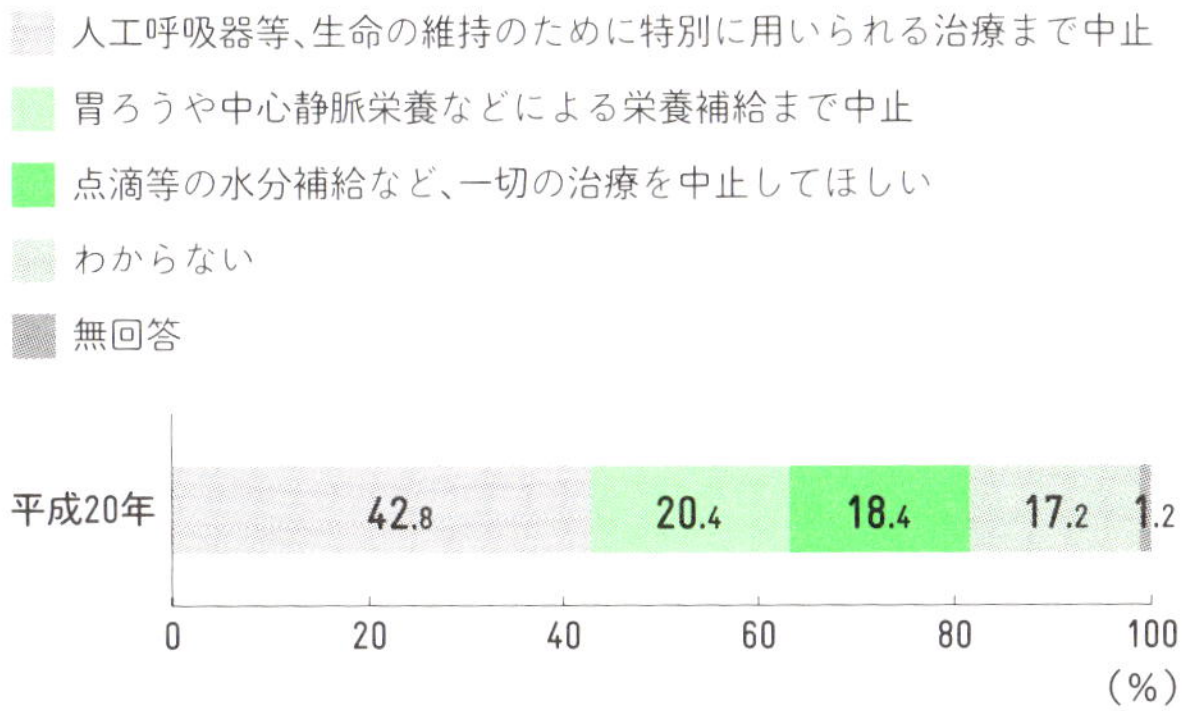

（厚生労働省　人生の最終段階における医療に関する意識調査
集計結果（速報）の概要）

40

最期を看取る時にやるべきこと

忙しすぎて、思い出が残っていない――そんな後悔をしないために。

いよいよ終末期、その時

介護者が、介護にいかに手を尽くしてきたとしても、この時期は必ず訪れます。

よく使われる「終末期」という言葉には、決まった定義がありません。

いくつかの団体が独自に定義しているようです。

終末期がいつからいつまでなのか、それがどのような状態で、どのように対応すればよいのか、決まりはありません。人それぞれ、ということになります。

ちなみに介護保険では、死亡からさかのぼって30日までで「看取り介護加算」が給付されます。つまり、介護保険上は、死の直前の1か月ということになります。これはあくまで便宜的なものです。

終末期には、本人も「間もなく死を迎える」と意識することがあります。

そうなると、ますます、身体面だけでなく、精神面が重要になってくるのです。

宗教的なケアが必要な人もあるでしょう。

やることの段取りをつける

介護者は、この終末期に入ると再び「混乱」「否定」の気持ちになります。

精神的にも肉体的にもたいへんな時期です。

要介護者の状態の変化に一喜一憂の毎日が続きます。

また、死の兆候を前にして、葬儀について相談し、遠くに住む家族・親戚にも連絡しなくてはなりません。さらに、死の瞬間に立ち会えなくなるのではないか、との不安から、外出を控えることになり、家事や仕事も手につきません。

終末期に看取りをする場所は、自宅、病院、特別養護老人ホームなどの施設などになります。

自宅で看取る場合には、医師や看護師など、外部のスタッフに訪問してもらうことが必要です。

ケアマネと相談し、看取りのためのケアプランをつくってもらいましょう。

また、容態が急変した時は、医師をはじめとして、「誰にどのような連絡すればよいか」を、確認しておくことも重要です。

後悔ない家族の時間を

施設や病院で看取る際にも、誰に優先して連絡をするのかを決めておき、「一定以上の遠戚には家族の誰かに連絡してもらう」「本人の友人○○さんには仕事関係者へのお知らせしてもらう」などを、任せておくことも大事になってきます。

この時期が、精神的にも肉体的にも、介護者と要介護者が家族としてすごす最後の時間です。

「あれもやらなければ、これもやらなければ！」と、雑用で忙しくしているうちに、あっという間に亡くなってしまった、振り返ると何も覚えていない――。

そういう人は、じつは多いのです。

後悔のないようすごすことを願うばかりです。

看取りのおおまかな流れ

終末期医療にかかり、要介護者の苦痛を取り除くことを優先すると判断する。

- 本人の延命希望を確認する。
- 家族の延命希望を確認する。
- 医師や施設に相談し、医療継続をどのようなかたちで終わらせるか決める。

家族、親戚、友人等への連絡方法などを確認する。

- 主たる介護者がすべての雑用を引き受けることがないよう、さまざまな分担を決める。
- 最期の時を、どこで迎えるか、誰を呼ぶかなどを決める。

看取りの前にやるべきこと。

- 本人に、会いたい人がいないか、かなえたい望みがないか、などを聞いておく。
- 最期が本人ひとりにならないよう、付き添いの担当を決めておく。
- 葬儀方法や、遺影の選択、何を着せて送るか、などを相談する。

看取りを終えて、その後にやるべきこと。

- 死亡届の作成、葬儀社などへの手配をする。
- 自分を含めた、遺族へのケアを心がける（必ず、自分を含めたケアを）。

41

葬儀と埋葬

残された人たちが、心にひと区切りをつけるための儀式。

看取りから埋葬まで

「死」という、人生の終着点に向かう要介護者のために、家族はさまざまな準備をして見送ります。

葬儀やお墓をどうするか、生前に、要介護者と家族とでよく相談しておくのが理想的です。無駄な出費や、遺族の精神的な負担が大きくなるのを防ぐことができますし、何よりも、旅立つ本人の希望にそうことができるのです。

シンプルな別れの家族葬

故人の宗教や宗派によって違いはありますが、仏教の場合を例とすると、一般的には左ページのような流れになります。

現在はシンプルな「家族葬」といわれている葬儀が多いようです。

家族葬にはとくに定義はありません。火葬のみで終わるものもあれば、場合によっては各葬儀社のオプションが加わることがあります。

通夜、葬儀、告別式を同日に行うことや、省略することも多くなっています。

すべて省略する場合は、納棺したあとに直接火葬場へ移送することとなり、「直葬」とよばれています。

この場合、費用面ではいちばん安価で、手間もかからなくなりますが、故人を偲ぶ機会が少なくなります。

なお、納骨は四十九日までに行うことが一般的です。先祖代々のお墓がある場合や、生前にお墓を用意している場合はよいのですが、突然、思っていた以上に早く亡くなってしまうこともあるので、**どのように遺骨を安置するかを、あらかじめ決めておくこと**は重要になります。

葬儀は誰のために

個人的な意見を言わせていただければ、最近の「家族葬」よりも、昔からある形式の葬儀がよいと思っています。

私自身の両親の場合、昔ながらの葬式でした。近所の方々と親戚に取り仕切っていただき、家族は、故人を見送ることに専念できました。

とくに出棺の際は、ご近所のみなさんが、わざわざ家から出てきて見送ってくださったことに驚き、そして、たいへん感動をした思い出があります。


葬儀を家族だけで行うのではなく、故人の知人、近所の人たちと、昔ながらの別れの形式を踏襲してやることは、**通過儀礼にもなり、それがまた「グリーフケア」のひとつとなるでしょう。**

残された家族が、気持ちにひと区切りつけるためには、必要なことではないかと思います。

一般的な仏式の葬儀の流れ

1日目

死亡 → 葬儀社の手配 → 安置

- 医師から死亡診断書を書いてもらう。
- 葬儀社へ連絡をする。
- 自宅に安置するか、スペースがない場合は、専用の安置所に運ぶ。
- 葬儀社と打ち合わせし、花、供物、精進落としなどの手配をする。

2日目

納棺 → 通夜

- 遺体を清めて死に装束を着せる。
- 故人の好きだったものなどを、一緒に収める。
- 通夜の準備を整え、僧侶に読経してもらう。
- 喪主・遺族・参列者と焼香を行い、お礼のあいさつをする。
- 通夜振る舞いをする。

3日目以降

葬儀 → 告別式 → 火葬 → 埋葬

- 僧侶に読経してもらい、弔辞、弔電の紹介をする。
- 焼香を終えて、出棺する（喪主から順に棺に釘を打つなどする）。
- 遺族・親族で棺を霊柩車に運び、喪主はあいさつをする。
- 火葬の前に別れのあいさつをし、火葬の間は控え室で待機する。
- 親族と法要の日程を決める。
- 遺骨を骨壺に収め（骨上げ）し、埋葬許可証を受け取る。
- 埋葬後は、精進落としをして、関係者にお礼を伝える。

42 グリーフケア（悲しみを癒す）

グリーフケア（悲しみを癒す）には、時間と過程が必要になります。

感情は外に出してゆくこと

介護をしていた大切な人と死別すると、大きな悲しみや喪失感に襲われます。

その感情の大きさは人それぞれですが、誰しも、その後の人生に、長期にわたり、複雑に変化しながら影響があるように見受けられます。

回復までの期間は、人それぞれとなりますが、自らの感情を整理しつつ、「癒し（グリーフケア）」を行うことが大切です。

悲しみは、自分だけでかかえ込まずに、できるだけ外に出しましょう。

たとえば、**大きな声で泣く、故人の思い出を親しい人に語る、といった、簡単なことから始めてもいい**のです。

「キューブラー・ロス・モデル」

悲しみが癒えていく過程は、もちろん人によって異なりますが、多くの人に共通する典型的なステップ＝「死の受容プロセス（キューブラー・ロス・モデル）」があります。

どのような方法で悲しみと対面していけばいいのか、あなたが途方に暮れているのなら、まずは、このステップを意識するのもひとつの方法です。

キューブラー・ロスは、精神科医として、世界ではじめて「死の受容プロセス」とよばれる「キューブラー・ロス・モデル」を提唱し、いままさに**死の間際にある患者とのかかわり方や、悲嘆について考察をすることに、精神科医としての人生を捧げました。**

私はこの、キューブラー・ロスの「死の受容プロセス」を知った時、とても落ち着くことができました。

なぜならば、介護していた親を失ったあと、この「キューブラー・ロス・モデル」の通りに、私の心も行動も段階をへていたからです。

私の心の動きは次のようなものでした。

死を受け入れる心のプロセス

1

否認　まず、**死別を認めることができず、**「まだ病院に入院をしている」と、自分に言い聞かせていた数か月がありました。

2

怒り　次に訪れた感情は、病院、医師、看護師さんへの疑心と、怒りでした。**もしかしたら、あの時の注射、あの時の投薬の量で亡くなったのではないか……。**

いま考えると不当なものですが、誰かに対して怒

キューブラー・ロスの死の受容のプロセス

1　否認・ショック状態

感情がなくなるか鈍くなり、場合によっては記憶をなくす。

2　怒り・故人の喪失の認識

故人が亡くなったことを他人のせいにすることもある。

3　取引

故人がまだ亡くなっておらず、どこかに生きていると信じる。

4　抑うつ・引きこもり状態

故人が亡くなったのは自分のせいだと責める。

5　受容

あるがままに現状を受け入れ、自分の将来を考える。

エリザベス・キューブラー・ロス
(Elisabeth Kübler-Ross；1926～2004年)

「死」を科学的にとらえることを唱えた精神科医であり、終末期研究の先駆者として知られる。著書『死ぬ瞬間』(1969年)は世界的なベストセラーとなった。
医学に道に進みはじめた時に、死に瀕している患者のあつかわれ方にショックを受け、死を目の前にしている患者とどう向きあうべきか研究を始めた。のちに、私財を投じて死にゆく患者のための施設を創立し、現在のホスピスにつながっているともいわれている。

りをぶつけるやり場がほしかったのです。私の場合は、医療に対して怒りが向かいました。

3 **取引**　私は遠距離の介護だったため、親は「自宅に戻り、きっと実家で療養中だ」と、自分の心に言い聞かせて、じつは死んではいないのだという結論を得ようとしていました。

さらに、この時期には、**過剰に活動的になり、ひとりになることを避けて、つねに何かをしようと動きまわっていました。**たとえば、行かなくてもいい勉強会に出席したり、子どもの行事の役員を進んで引き受けたりしました。

4 **うつ**　この時期には、**単純な買い物のお金の計算ができなくなりました。**人とは、かかわりたくないという気持ちから、仕事を休み、家族をも避けて、部屋にひとりでいる時間が多くなりはじめていました。

5 **受容**　**家にこもりがちになる**なかで、本を読むことが増えました。「死別」をテーマにした本をかなり読みました。

そのなかの1冊に、キューブラー・ロスの「死の受容のプロセス」が書かれていました。それを読み、私はとても驚きました。

まさに、いま自分がこの「受容」の時期に、間もなく達しようとしているのではないかと思いいたり、**「私はこのまま、日常の生活ができなくなるのではないか」という不安がなくなった**のです。

あせらず、ゆっくりと向きあう

あくまでも、これは私が、たまたま、キューブラー・ロス・モデルと同じプロセスをたどっただけなのかもしれません。

誰もが、このプロセス通りに、感情が変化していくわけではないでしょう。

しかし、多くの人は、多少の差こそあれ、このプロセスを行ったり来たりしながら、**悲嘆と向かいあい、少しずつ、受容をしていくことになる**のではないかと思います。

死別にかんしても、同じ経験をしている人と、感情を共有し、思いを吐露できることは、たいへん大切なことです。

自分の経験や感情を共有できる場として、ホスピスやお寺などでは、「グリーフケア」を実施しているところもあります。

ひとりで感情をかかえ込むのではなく、あせらず、ゆっくりと、受容する時間を持つことをおすすめします。

知っておくべきこと

第6章

＊延命治療を行うか、本人が元気なうちに「リヴィング・ウイル」を確認し、記録しておきましょう。

＊終末期は、介護者と要介護者が家族としてすごす最後の時間です。看取りに集中できるように、雑用はできるだけ周囲の人に任せるようにしてください。

＊家族、親族だけの家族葬が増えていますが、故人の知人、地域の人と見送る昔ながらの葬儀のほうが、グリーフケアとしては意義があります。

＊要介護者を失うと、大きな喪失感を味わいます。自分に合った方法で、悲しみを癒しましょう。

＊悲しみは、自分だけでかかえ込まず、同じ経験をしている人たちと感情を共有し、思いを吐露するのも大切なことです。

この本のまとめ

第1章

介護はまずは相談から。
地域包括支援センター、市区町村窓口、
そしてケアマネージャーへ。

第2章

介護保険制度を使えば、自己負担額が減ります。
介護の状態に合わせて、サービスを選びましょう。

第3章

介護者が倒れてしまっては、介護は成り立ちません。
自分ひとりで背負い込まず、
家族全員が介護者の一員だと考えましょう。

第4章

認知症の困った行動の裏には、必ず理由があります。本人を尊重することで、生活の質が変わります。

第5章

何ごとも、本人の意思を確認しておくことが大切です。後々のトラブルを回避する助けになります。

第6章

グリーフケアが終わった（悲しみが癒えた）時が本当の介護の終わりです。

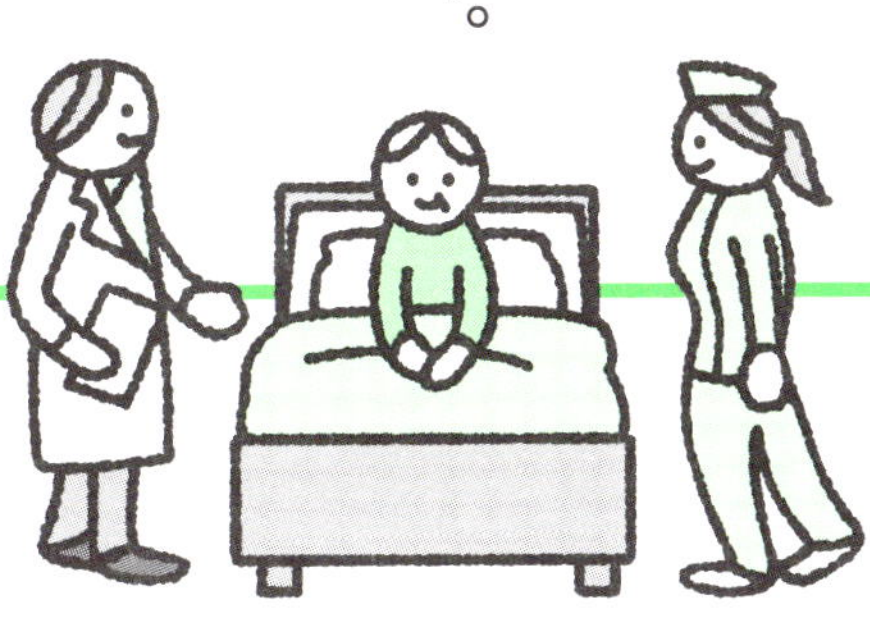

おわりに

たくさんのみなさんの手を借りて、「介護者手帳」を最初に世に送り出すことができたのは、平成28年のことです。

そして「介護者手帳」をきっかけに、この本を書くことになり、さらに多くのみなさんのご協力をいただくことができました。この場をお借りして、あらためて御礼を申し上げます。

読者のみなさんのなかには、これから介護を始める準備をしている人、いままさにスタート地点に立っている人、また、すでに何年かの経験を積み重ねながらも、まだまだ悩みをかかえている人、さまざまな人がいると思います。

みなさんには、本当に後悔のない介護をしてほしいと願っています。

この本では、その願いを込めて、私の経験を踏まえ、思いのひとつ一つを言葉にしていきました。

介護は、ある日突然、予測もできない状況で始まります。

それは、自分が20代の時かもしれないし、40代や、70代ということもあるでしょう。

介護は、家族にとって過酷な試練となります。

人生には、こんな試練が待ち受けていることを、誰か先に教えてくれていたら、少しは心の準備ができたのに——私自身、そう感じたこともありました。

介護には、これが絶対に正しいという方法は、ありません。人によって、家族によって、介護のあり方は、それぞれだからです。解決方法は、自分で見つけるしかないのです。

でも不思議なことに、介護ほど、介護者同士や介護経験者との情報交換が役に立つものはありません。自分とはまったく違う介護体験であっても、不思議とヒントになって、自分を導いてくれることが多いのです。

介護の時間は「大切な時間」です。

家族としてすごす最後の時間（とき）です。

このことを、早い時期に自覚しているのと、いないのとでは、最期を看取ったあとの、気持ちの落ち着き方が異なってきます。

「なんでこんなことができないの！」「もう困らせないで！」「(夫や兄弟姉妹に）少しは手伝ってよ！」……介護には、いらだちやトラブルは避けようがありませんが、この「大切な時間」が、限られた時間であることに早くから気づき、折にふれて思い起こすことで、その後の後悔の大きさが違ってくることでしょう。

私は、なぜ介護のことを教育であつかわないのか、つねづね疑問に思っています。

介護保険制度や、基本的な介護のやり方、認知症の知識などは、高齢社会を迎えた現代では、誰もが知っておくべきことだと思います。

子どもたちは、いつの日か必ずこの介護に直面します。たとえ親の介護をしなかったとしても、自分自身が介護保険に加入し、やがてはそれを利用することになるのです。

とくに、私は、これからの若い人たちには、認知症について知識を得てほしいと思っています。認知症の人の、理解できない行動は、すべて、本人にとっては意味があります。認知症の症状から見えてくる姿は、人としていちばん素直で、ありのままの、その人ならではの姿なのかもしれません。

これまでがまんをしてきた、その人の感情が、むき出しで現れてくる場合もあります。それは、ある意味、とても人間らしいことだと思います。

「認知症とはそういうものだ」という知識があれば、行動のひとつ一つが愛しくなるかもしれません。私の母も、最期が近づくにつれて、とてもかわいらしい人になりました。

母は五人姉妹の長女として、幼い頃から、母親に代わって妹たちの面倒を見ることになり、家庭でも甘えることを許されない立場で育ちました。

そんな気丈な母でしたが、症状が進むにつれ、感情をあらわにすることが多くなりました。そして、とてもかわいい人になって旅立ちました。

その姿は本当に、人間らしいなと、私には思えたのです。

家族の介護をすることは、精神的にも肉体的にもたいへんな負担だと、繰り返し本書では述べてきました。

しかし介護は、家族についての考え方を少し変えるだけで、苦痛を軽減できたり、苦痛とは違う感情が生まれたりするようになると思います。

自分を育ててくれた母親ではなく、ひとりの人として——その人生で何を感じ、何に耐え、何をよろこびとして生きてきたのかを理解し、そこに「新しい人間」を見出して、受容できたことは、私にとっては得がたい経験となりました。

多くの施設をつくり、介護職員を増やすというのが、国や自治体の超高齢社会への対応策です。しかしそれは、目先の解決方法にすぎないのではないでしょうか。

同時に、先を見すえたインフラをつくっていくことが必要です。

先を見すえたインフラづくりでは、子どもの教育を考えることがもっとも重要です。

子どもの頃に、社会がかかえる課題を知る機会を得て、その素直でスポンジのように吸収できる頭脳で、祖父母や親、自分のために、介護の将来を考えてほしいと思います。

いまの世代で解決できなければ、次の世代で解決できるようにする。そんなインフラを整えていく方法を、考えなくてはならないと思います。

毎日の介護で、本当にたいへんな生活を送っているあなただからこそ、子どもの世代のことを、真剣に考えることができるのだと思いますし、子どもの世代のために、「発言する権利がある」とさえ言ってもいいと思います。

当事者だけがつらい思いをして、看取りが終われば、また次世代がつらい思いをゼロからスタートさせる——そんなサイクルを変えられるのは、介護の当事者である、みなさんなのかもしれません。

２０１７年２月　阿久津美栄子

ある日、突然始まる

後悔しないための介護ハンドブック

発行日　2017年　2月　27日　第1刷

Author　阿久津美栄子

Illustrator　阿部千香子
Book Designer　新井大輔

Publication　株式会社ディスカヴァー・トゥエンティワン
〒102-0093　東京都千代田区平河町2-16-1 平河町森タワー 11F
TEL　03-3237-8321(代表) FAX　03-3237-8323
http://www.d21.co.jp

Publisher　干場弓子
Editor　林秀樹
編集協力　前田慎二（社会福祉士）

Marketing Group
Staff　小田孝文　井筒浩　千葉潤子　飯田智樹　佐藤昌幸　谷口奈緒美　西川なつか
古矢薫　原大士　蛯原昇　安永智洋　鍋田匠伴　榊原僚　佐竹祐哉　廣内悠理
梅本翔太　奥田千晶　田中姫菜　橋本莉奈　川島理　渡辺基志　庄司知世　谷中卓

Productive Group
Staff　藤田浩芳　千葉正幸　原典宏　三谷祐一　石橋和佳　大山聡子　大竹朝子
堀部直人　井上慎平　林拓馬　塔下太朗　松石悠　木下智尋

E-Business Group
Staff　松原史与志　中澤泰宏　中村郁子　伊東佑真　牧野類　伊藤光太郎

Global & Public Relations Group
Staff　郭迪　田中亜紀　杉田彰子　倉田華　鄧佩妍　李瑋玲　イエン・サムハマ

Operations & Accounting Group
Staff　山中麻吏　吉澤道子　小関勝則　池田望　福永友紀

Assistant Staff
俵敬子　町田加奈子　丸山香織　小林里美　井澤徳子　藤井多穂子　藤井かおり
葛目美枝子　伊藤香　常徳すみ　鈴木洋子　板野千広　住田智佳子　竹内暁子　内山典子
坂内彩　谷岡美代子　石橋佐知子　伊藤由美

Proofreader & DTP　株式会社 T&K
Printing　中央精版印刷株式会社

ISBN978-4-7993-2042-6